Mein erstes Lexikon –

Jede Menge Wissen für neugierige Kids

arsEdition

Geschrieben von: Alice-May Bermingham
Gestaltet von: Maddox Philpot und Holly Price
Illustriert von: Jean Claude

Beraten von:
Andrew Budden (Pflanzenwelt), Dr. Susan Bermingham-Ward (Erde), Professor David Fell (Naturwissenschaft und Technik), Dr. Tephen Henihan (Körper), Jessica Hudson (Geschichte, Fortbewegungsmittel, Zivilisation), Sarah Lustig (Geschichte), Professor David M. Martill (Frühgeschichte), Sarah White (Tierwelt)

Die Originalausgabe ist 2022 bei Priddy Books,
einem Imprint von Macmillan Publishers International Limited, erschienen
Titel der Originalausgabe:
My First Encyclopedia
Text: Alice-May Bermingham
Gestaltung: Maddox Philpot and Holly Price
Herstellung: Amy Oliver
Illustration: Jean Claude

arsEdition GmbH,
Friedrichstraße 9, D-80801 München
arsedition.de/service

Aus dem Englischen von Anna Fleiter und Barbara Neeb
Textlektorat: Dr. Helga Hofmann
Umschlaggestaltung: das verlagsatelier ROMY POHL
Printed in China
ISBN 978-3-8458-5343-7

www.arsedition.de

FSC
www.fsc.org
MIX
Papier | Fördert gute Waldnutzung
FSC® C188448

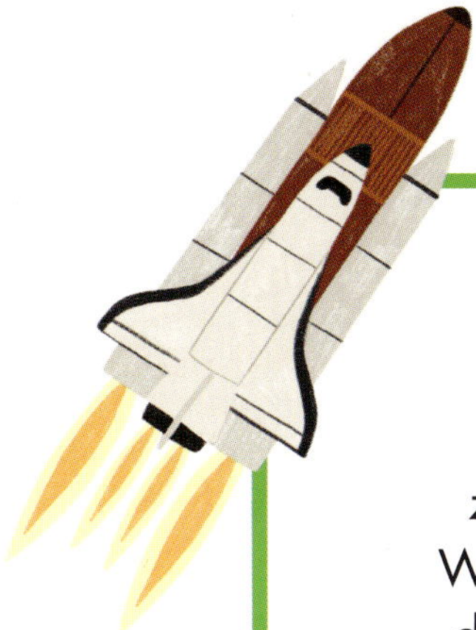

Hinweis für die Eltern

Mein erstes Lexikon soll Ihrem Kind dabei helfen, die Welt zu begreifen. Mit zahlreichen beliebten Themenbereichen wie Weltall, Geschichte, Tiere, Pflanzen und vielem mehr versammelt dieses Buch spannende Inhalte, die Vor- und Grundschulkinder gerne entdecken und über die sie mehr erfahren wollen.

Nehmen Sie sich die Zeit, gemeinsam mit Ihrem Kind zu lesen und Wörter nachzuschlagen, die nicht im Glossar am Ende des Buches aufgeführt sind. Denn dies erweitert nicht nur das Lese- und Hörverständnis und die Kommunikationsfähigkeit Ihres Kindes, sondern fördert auch eine positive Grundeinstellung dem (Selber-)Lesen gegenüber.

Lesen | Verstehen | Familienzeit

Inhalt

Die Erde

Tierwelt

Pflanzenwelt

Geschichte

Naturwissenschaften und Technik

Unser Körper

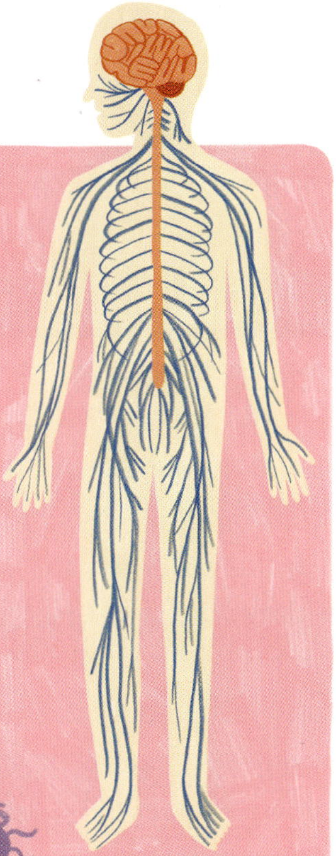

Fortbewegungsmittel

Zivilisation

Unser Planet

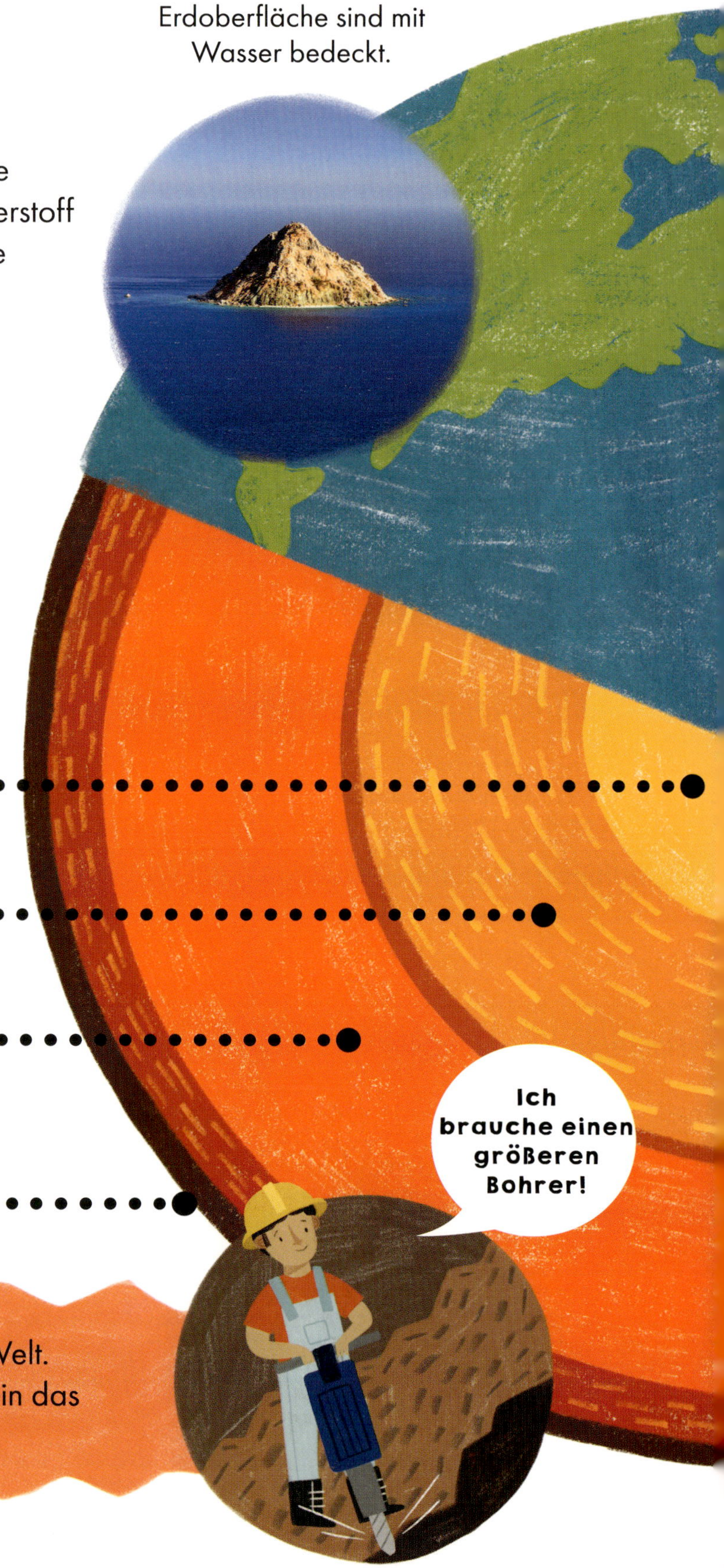

Fast drei Viertel der Erdoberfläche sind mit Wasser bedeckt.

Unser Planet Erde ist faszinierend! Die Erde ist der einzige Planet im Sonnensystem mit Lebewesen darauf. Leben ist hier möglich, weil die Erdoberfläche größtenteils mit Wasser bedeckt ist, weil die Luft Sauerstoff enthält und weil die Erde von einer Atmosphäre umgeben ist, die die Lufttemperatur regelt.

Niemand kennt das genaue Alter der Erde, aber Wissenschaftler schätzen es auf circa 4,5 Milliarden Jahre! Um mehr darüber zu erfahren, untersuchen Wissenschaftler Gesteine von Erde, Mond und Meteoriten.

Innerer Kern

Der Erdkern ist die heißeste Schicht und besteht aus festem Metall.

Äußerer Kern

Der äußere Kern besteht ebenfalls aus heißem Metall, ist aber flüssig.

Mantel

Der Erdmantel besteht aus heißem, halbfestem Stein, dem Magma.

Erdkruste

Diese äußerste Schicht bildet die Landmassen und den Meeresboden.

Die Kola-Bohrung in Russland ist das tiefste Bohrloch der Welt. Dieses Loch ist über 11 Kilometer tief und dringt trotzdem nur in das erste Drittel der Erdkruste vor.

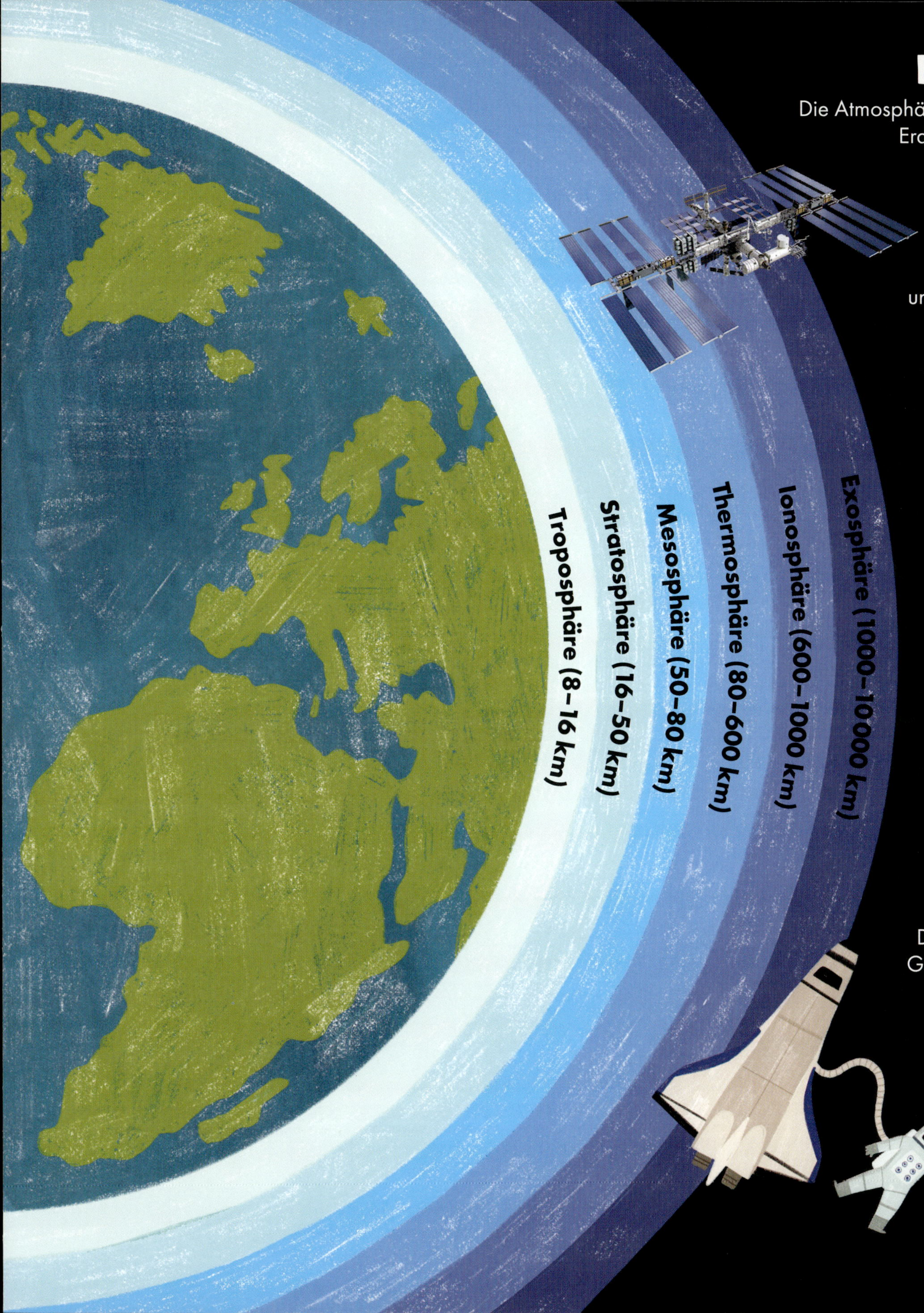

Erdatmosphäre

Die Atmosphäre ist eine gasförmige Hülle um die Erde und besteht aus sechs Schichten.

Troposphäre

Diese Schicht ist der Erde am nächsten. Hier bilden sich Wolken und Flugzeuge können darin fliegen.

Stratosphäre

Die Ozonschicht liegt in der Stratosphäre. Sie schützt uns vor dem gefährlichen Teil der Sonnenstrahlung.

Mesosphäre

Meteore verbrennen, wenn sie in diese Schicht eindringen. Von der Erde aus sehen wir das als Sternschnuppen.

Thermosphäre

In dieser heißen Schicht kreist die Internationale Raumstation ISS.

Ionosphäre

Diese Schicht verändert sich in ihrer Größe, je nachdem, wie viel Energie sie von der Sonne aufnimmt.

Exosphäre

Diese Schicht trennt die Erde vom Weltall. Hier ist es sehr kalt.

Unser Mond

Die Erde wird von einem Mond umkreist. Unser Mond ist ein Viertel so groß wie die Erde, aber er sieht viel kleiner aus, weil er 385 000 Kilometer entfernt ist. Seine Oberfläche ist felsig und voller Krater.

Mondphasen

Der Mond ist für uns nur sichtbar, da er Sonnenlicht reflektiert. Im Laufe seiner Erdumkreisung verändert er scheinbar die Form. In Wirklichkeit liegt das daran, dass die Sonne ihn je nach seiner Position immer nur zum Teil beleuchtet. Ist der Mond rund, nennt man ihn Vollmond. Liegt er im Dunkeln, nennt man ihn Neumond.

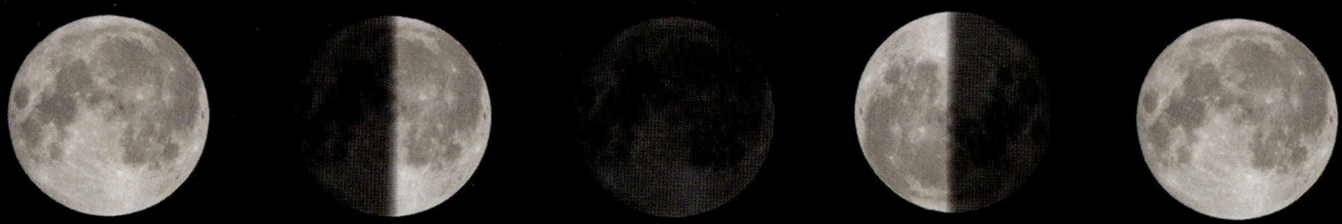

Vollmond — **Zunehmender Halbmond** — **Neumond** — **Abnehmender Halbmond** — **Vollmond**

Die Gezeiten

Wenn du hochspringst, zieht die Schwerkraft dich zurück auf den Boden. Der Mond hat auch so eine Anziehungskraft. Dreht sich die Erde, zieht der Mond das Meereswasser in seine Richtung und es herrscht an dieser Stelle Flut. Auch die Sonne beeinflusst mit ihrer Schwerkraft Ebbe und Flut.

Sonnenfinsternis

Ab und zu schiebt sich der Mond genau zwischen Erde und Sonne und verdeckt das Sonnenlicht. Das nennt man Sonnenfinsternis. Sieh niemals direkt in die Sonne, auch nicht bei einer Sonnenfinsternis. Das schadet deinen Augen.

Mondlandungen

Die ersten Menschen auf dem Mond waren Amerikaner. Im Juli 1969 landeten die Astronauten Neil Armstrong und Buzz Aldrin auf dem Mond, der seitdem fünf weitere Male von Menschen betreten wurde.

Die Sterne

Ein Stern ist eine riesige Kugel aus sehr heißem Gas. Sterne produzieren jede Menge Energie, weshalb sie heiß glühen und leuchten. In unserer Galaxie gibt es über 100 Milliarden Sterne.
Die Sonne ist ein mittelgroßer Stern, der 150 Millionen Kilometer von der Erde entfernt ist. Sie wirkt größer als die anderen Sterne, da sie uns am nächsten ist. Die größten Sterne sind teils aber 2000-mal größer.

Sternschnuppen

Eine Sternschnuppe ist kein Stern, sondern ein kleines Gesteins- oder Metallstück, das beim Durchdringen der Erdatmosphäre verglüht.

Sternbilder

Sternbilder sind eine Gruppe heller Sterne, die eine Figur bilden. Am Nachthimmel kannst du je nach Jahreszeit und Ort verschiedene Sternbilder beobachten. Eines der bekanntesten Sternbilder ist der Orion. Es trägt den Namen dieses Jägers aus der griechischen Mythologie, da es wie ein Mensch mit Pfeil und Bogen aussieht.

Lichtjahre

Das Weltall ist so riesig, dass Entfernungen nicht in Kilometern, sondern Lichtjahren gemessen werden. Ein Lichtjahr ist die Entfernung, die das Licht in einem Jahr zurücklegen kann. Und das sind umgerechnet 9,5 Billionen km!

Warum können wir die Sterne sehen?

Sterne sind für uns sichtbar, da ihr Licht durch das Weltall reist. Ihr Licht braucht eine lange Zeit, bis es uns erreicht, aufgrund der großen Entfernungen manchmal viele Jahre.

Unser Sonnensystem

Die Erde ist einer von acht Planeten in unserem Sonnensystem, die die Sonne umkreisen. Unser Sonnensystem liegt in einer Galaxie (eine Ansammlung von Sternen und Planeten) namens Milchstraße. Das Universum besteht aus über 100 Milliarden Galaxien, die das Weltall bilden. Nächstgelegen zur Milchstraße ist die Andromeda-Galaxie, die manchmal von der Erde aus zu sehen ist.

Die Andromeda-Galaxie

Sonnenumlaufbahnen

Alle acht Planeten umkreisen die Sonne. Die Dauer einer Umrundung entspricht einem ihrer Jahre. Wenn Planeten von der Sonne weiter entfernt sind, brauchen sie länger. Daher dauert ihr Jahr länger als bei Planeten, die näher an der Sonne sind. Planeten drehen sich auch um sich selbst, während sie die Sonne umkreisen. Eine solche Umdrehung entspricht einem Tag.

Was ist ein Planet?

Die Antwort auf diese Frage ist selbst für Wissenschaftler gar nicht so einfach. Es gibt aber einige Merkmale, die ein Planet erfüllen muss:

1. Einen Stern umkreisen.

2. Rund sein.

3. So groß sein, dass er bei seiner Entstehung durch seine Anziehungskraft andere Himmelskörper aus seiner Umgebung „geschluckt" hat.

Wie entstand unser Sonnensystem?

Vor circa 5 Milliarden Jahren verdichtete sich eine riesige, sich drehende Staubwolke zu einer flachen Schicht aus Gas und Staub. Im Lauf der Zeit verklumpte ein Teil des Materials, und so entstanden Sonne, Planeten und Monde.

Merkur

Der kleinste Planet ist der Sonne am nächsten, er braucht für ihre Umrundung nur 88 Erdentage. Er dreht sich allerdings sehr langsam um sich selbst, sodass es dort nur alle 59 Erdentage einen Sonnenaufgang gibt.

Sonne

Die Sonne ist etwa eine Million Mal so groß wie die Erde! Sie bildet das Zentrum unseres Sonnensystems.

Venus

Auch wenn sie gar nicht so nah an der Sonne liegt, ist die Venus der heißeste Planet, da ihre dicke Atmosphäre Hitze speichert. Die Venus dreht sich andersherum als die Erde.

Erde

Hier leben wir! Die Erde ist ein Wasserplanet, da die Oberfläche zu drei Vierteln mit Wasser bedeckt ist.

Mars

Der Mars wird wegen der vielen roten Eisenmineralien im Boden auch Roter Planet genannt. Seine Oberfläche aus Tälern, Kratern und Vulkanen ist der Erde ähnlich. Ein Leben auf dem Mars wäre aber kaum möglich. Dort ist es nämlich viel kälter als auf der Erde, die Schwerkraft ist nicht so stark und es gibt nicht so viel Oberflächenwasser.

Jupiter

Der Jupiter ist der größte Planet unseres Sonnensystems. Er besteht zwar aus Gas, war jedoch nicht groß genug, um sich aufzuheizen und in einen Stern zu verwandeln.

Saturn

Wie der Jupiter besteht der Saturn aus Gas. Ihn umgeben sieben Hauptringe, die aus Eis- und Schneebrocken bestehen. Er hat über 50, vielleicht sogar 80 Monde.

Uranus

Durch das Methan in seiner Atmosphäre leuchtet der Uranus blau. Er hat schmale Ringe, ist stark gekippt und „rollt" quasi um die Sonne.

Neptun

Der Neptun ist von der Sonne am weitesten weg und braucht zur Umrundung daher am längsten, nämlich 165 Erdenjahre. Dort ist es kalt, dunkel und sehr windig.

Weltraumforschung

Ingenieure arbeiten stets an neuen Technologien, damit unser Sonnensystem besser erforscht werden kann. So wurden Raumfahrzeuge entwickelt, die unsere Erde umkreisen, zum Mond oder sogar zum Mars fliegen!

Raumfähre

Von 1981 bis 2011 wurden mit Raumfähren Menschen und Nutzlast ins All geschickt.

Der Außentank enthielt genug Treibstoff, um die Raumfähre ins All zu befördern.

Booster-Raketen verbrannten Treibstoff, um einen Gasstrahl zu erzeugen, der die Raumfähre starten ließ.

Wenn das **Shuttle** zur Landung auf die Erde zurückkehrte, glitt es auf seinen Flügeln durch die Atmosphäre.

Das Sojus-Raumschiff

Aktuell reisen Astronauten in einem russischen Raumschiff namens Sojus ins All.

Das Orbitalmodul Hier wohnt die Besatzung während der Reise.

Das Landemodul Hier sitzt die Besatzung bei Start und Landung.

Das Servicemodul enthält Dinge wie Batterien, Solarpaneele und Steuerungsmotoren.

1942 Die deutsche V2 erreicht als erste Rakete das Weltall.

1947 Fruchtfliegen werden als erste Lebewesen ins All geschossen.

1957 Sputnik 1 ist der erste Satellit im All.

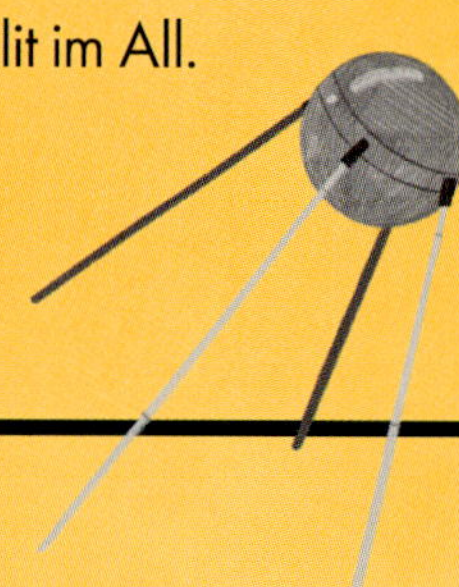

1961 Juri Gagarin ist der erste Mensch im All.

1963 Walentina Tereschkowa ist die erste Frau im All.

Die Internationale Raumstation

Die Internationale Raumstation ist eine Basis, wo Astronauten wohnen und wissenschaftliche Versuche durchführen. 15 Länder bauten zehn Jahre lang an ihr. Die Station umkreist die Erde in der Thermosphäre. Es leben immer drei bis sechs Crewmitglieder für etwa sechs Monate in der Station.

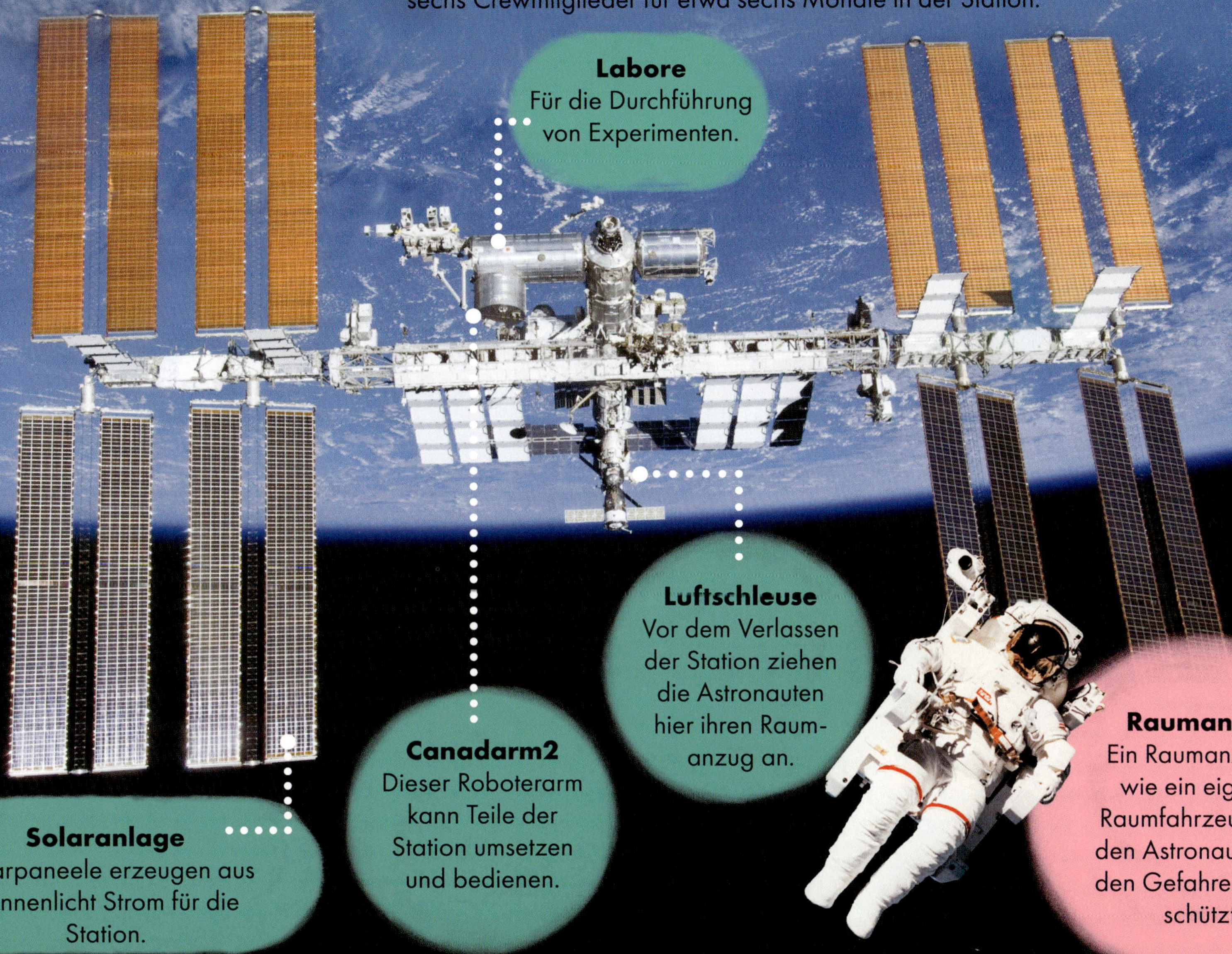

Labore
Für die Durchführung von Experimenten.

Luftschleuse
Vor dem Verlassen der Station ziehen die Astronauten hier ihren Raumanzug an.

Canadarm2
Dieser Roboterarm kann Teile der Station umsetzen und bedienen.

Solaranlage
Solarpaneele erzeugen aus Sonnenlicht Strom für die Station.

Raumanzug
Ein Raumanzug ist wie ein eigenes Raumfahrzeug, das den Astronauten vor den Gefahren im All schützt.

1969
Neil Armstrong und Buzz Aldrin betreten den Mond.

1971
Der Lunar Rover fährt erstmals auf dem Mond.

1981
Das erste Spaceshuttle fliegt ins All.

2000
Die erste dauerhafte Besatzung zieht in die Internationale Raumstation ein.

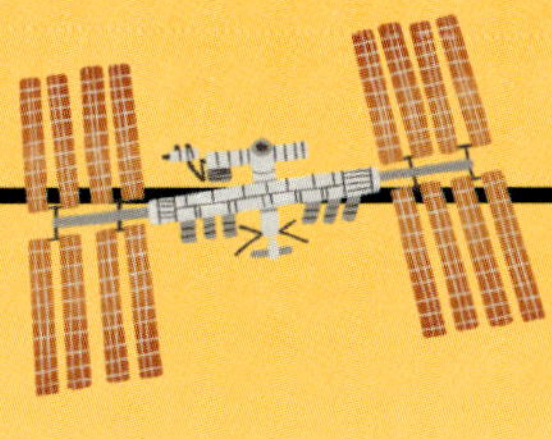

2011
Der letzte Flug des Spaceshuttles.

Die Kontinente

Ein Kontinent ist eine große Landfläche. Die Erde ist in sieben Kontinente aufgeteilt. Jeder Kontinent besteht aus einer bestimmten Zahl an Ländern.

Nord-amerika

Nordamerika ist der drittgrößte Kontinent und besteht aus 23 Ländern. Die größte Insel der Welt, Grönland, gehört zu Nordamerika.

Europa und Asien sind miteinander verbunden. Ihre gemeinsame Landfläche nennt man Eurasien.

Südamerika

Südamerika und Nordamerika sind durch eine Landenge, den Isthmus von Panama, miteinander verbunden. In Südamerika ist der höchste Wasserfall der Welt, der Salto Angel in Venezuela, und die längste Gebirgskette, die Anden.

Auf der Welt gibt es 8 Milliarden Menschen. Sie leben über alle Kontinente verteilt, abgesehen von der Antarktis.

Antarktis

Die Antarktis ist der kälteste Kontinent und fast komplett von Eis bedeckt. Sie umfasst das Gebiet um den Südpol. Dieser Kontinent hat keine Länder.

Das Nordpolarmeer liegt rund um den Nordpol. Hier gibt es kein Land, nur Eismassen.

Europa

Europa ist der zweitkleinste Kontinent. Hier liegen auch die beiden kleinsten Länder der Welt, Vatikanstadt und Monaco.

Asien

Asien ist der größte Kontinent und beheimatet mehr als die Hälfte aller Menschen. Hier liegt der höchste Punkt der Erde, der Mount Everest, und die tiefste Stelle der Erdoberfläche, das Tote Meer.

Afrika

Afrika ist der zweitgrößte Kontinent und zählt die meisten Länder. Der längste Fluss der Welt, der Nil, befindet sich dort. Er fließt durch elf Länder.

Auf abgelegenen Inseln entwickeln sich manchmal einzigartige Tiere wie die Indri-Lemuren in Madagaskar oder die Kiwis ins Neuseeland.

Australien und Ozeanien

Australien ist die einzige Insel, die gleichzeitig ein Kontinent ist. Es ist ein Teil von Ozeanien, einer Region, die Tausende Inseln im Pazifischen Ozean umfasst.

Die Ozeane

Was ist eine See?

Die landnahen Bereiche eines Ozeans nennt man „See“, zum Beispiel die Nordsee oder die Ostsee. Unten auf dem Meeresboden sieht es ziemlich so aus wie oben an Land, es gibt dort tiefe Gräben und hohe Berge.

Etwa drei Viertel der Erde sind von Salzwasser und Eis bedeckt. Auf der Welt gibt es fünf Ozeane, die die Kontinente umgeben. Der größte ist der Pazifik. Er nimmt ein Drittel der Erdoberfläche ein.

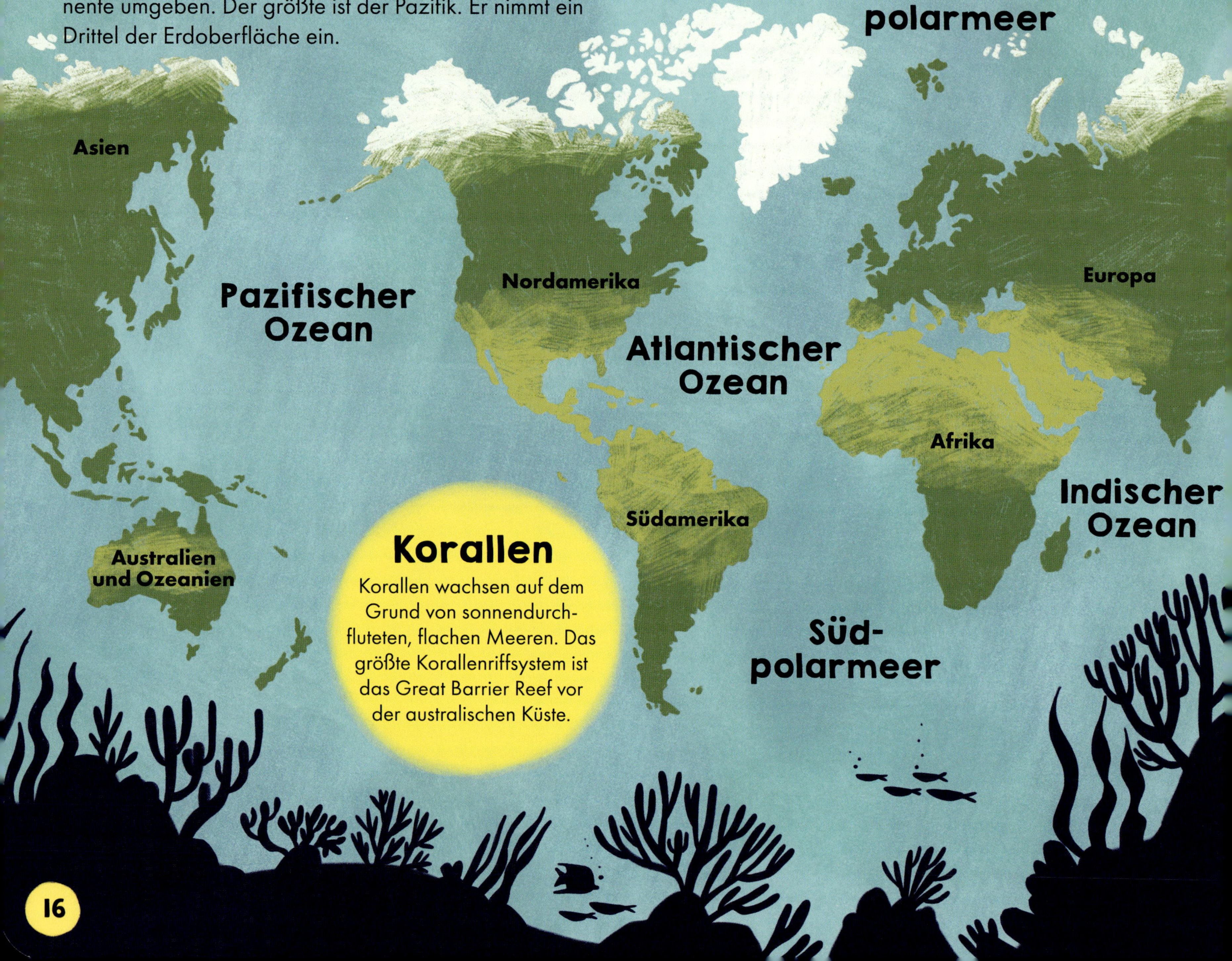

Korallen

Korallen wachsen auf dem Grund von sonnendurchfluteten, flachen Meeren. Das größte Korallenriffsystem ist das Great Barrier Reef vor der australischen Küste.

Der Ozean ist in vier Schichten unterteilt. In jeder dieser Zonen leben andere Meeresbewohner.

Die lichtreiche Zone (0–200 m)

Die lichtreiche Zone ist die oberste Schicht des Ozeans. Hier leben die meisten Meerestiere und -pflanzen, da das Licht und die Wärme der Sonne diese Schicht noch erreicht.

Taucher

Mit spezieller Ausrüstung, vor allem zum Atmen, lässt sich die Unterwasserwelt erkunden.

Delfin

Delfine können bis zu 5 Meter hoch aus dem Wasser springen.

Kugelfisch

In dieser Zone leben viele Raubfische. Zu seinem Schutz ist der Kugelfisch darum giftig und hat Stacheln.

Die Dämmerzone (200–1000 m)

Diese Zone ist dunkler und kälter, daher gibt es hier weniger Lebewesen.

Erdbeerkalmar

Dieser Kalmar hat Organe, die Licht erzeugen, um Raubfische zu verwirren.

Pottwal

Wale tauchen tief, um ihre Nahrung, zum Beispiel kleine Fische, zu finden. Zum Atmen kommen sie an die Meeresoberfläche.

Die Dunkelzone (1000–6000 m)

In dieser lichtfreien Zone könnten Pflanzen nicht überleben. Aufgrund der fehlenden Nahrung gibt es hier auch kaum Tiere. Nur einige wenige haben sich der Umgebung angepasst.

Tiefsee-Anglerfisch

Er hat am Kopf eine leuchtende „Angel“, um Beute anzulocken.

Schleimaale

Schleimaale nutzen ihren Geruchs- und Tastsinn, um im Dunkeln Nahrung zu finden.

Die Zone der Tiefseegräben (6000–11000 m)

Über die tiefste Zone des Ozeans ist nicht viel bekannt. Wir wissen mehr vom Mond als vom Grund unserer Unterwasserwelt!

???

Die Jahreszeiten

Die Erde braucht für die Umkreisung der Sonne 365 Tage, das ist ein Erdenjahr. Zudem dreht die Erde sich in 24 Stunden einmal um sich selbst. So haben wir Tag und Nacht. Der Teil der Erde, der am nächsten an der Sonne ist, erwärmt sich, und der am weitesten entfernte Teil kühlt ab. Weil die Erdachse schief steht, gibt es zu den Polen hin immer ausgeprägtere Jahreszeiten.

Frühling

Die Temperatur steigt und es ist länger hell. Blumen und Bäume fangen an zu blühen. Viele Tierbabys werden im Frühling geboren.

Im Frühling beginnt sich die betreffende Erdhalbkugel auf der Umlaufbahn zur Sonne hinzuneigen.

Sommer

Jetzt wird es noch wärmer und die Tage sind richtig lang. Bäume stehen in voller Pracht. Babytiere wachsen heran und Babyvögel erlernen das Fliegen.

Ist eine Halbkugel deutlich in Richtung Sonne geneigt, herrscht auf diesem Teil der Erde Sommer.

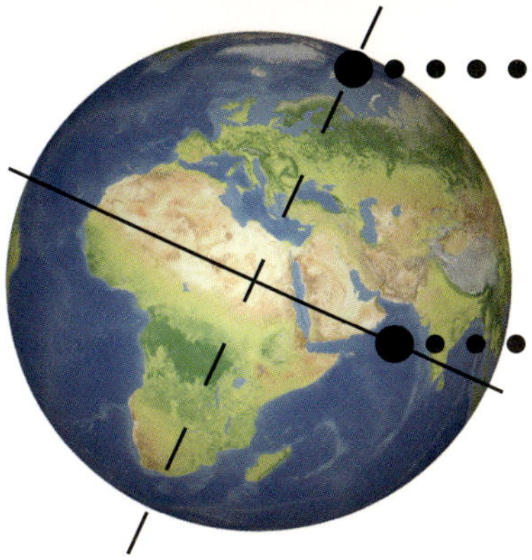

Erdachse
Die Erdachse ist die gedachte Linie, um die sich die Erde dreht.

Äquator
Der Äquator ist die gedachte Linie, die sich rund um die Mitte der Erde zieht.

Hemisphäre
Die Erde hat zwei Halbkugeln. Die Halbkugel nördlich des Äquators nennt man nördliche Hemisphäre. Die Halbkugel auf der anderen Seite des Äquators nennt man südliche Hemisphäre. Die beiden Halbkugeln haben jeweils entgegengesetzte Jahreszeiten.

Herbst

Es wird kälter und früher dunkel und die Blätter an den Bäumen färben sich gelb oder rot. Einige Tierarten bereiten sich auf ihren Winterschlaf vor.

Im Herbst neigt sich die betreffende Erdhalbkugel auf ihrer Umlaufbahn von der Sonne weg.

Winter

Es ist kalt und die Tage sind kurz. Viele Laubbäume tragen im Winter keine Blätter. Einige Tiere halten bis zum Frühlingsbeginn Winterschlaf.

Wenn eine der Halbkugeln stark von der Sonne weggeneigt ist, herrscht auf diesem Teil der Erde Winter.

Das Wetter

Das Wetter entsteht in der unteren Erdatmosphäre. Der Begriff Wetter umfasst Temperatur, Niederschläge (Regen) und Luftbewegungen. An erster Stelle beeinflussen die Erddrehung und die Sonnenhitze das Wetter. Mit **Klima** meint man das durchschnittliche Wetter einer Gegend.

Diese Symbole zeigen einige typische Wetterarten.

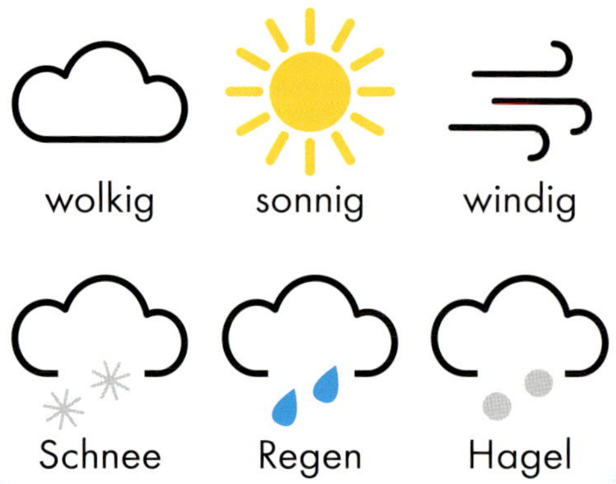

Der Wasserkreislauf

Die Menge an Wasser auf der Welt ist immer gleich, es ist ständig in unterschiedlicher Form in Bewegung.

Wettervorhersagen

Mithilfe von Aufnahmen der Erde aus dem Weltall erstellen Meteorologen Wettervorhersagen. Dafür sammeln sie Informationen zu Lufttemperatur, Luftdruck, Wind und Luftfeuchtigkeit.

Extremes Wetter

Manchmal ist das Wetter viel heftiger als normal. Es kann dann richtig zerstörerisch sein und viel Schaden anrichten. Wegen des Klimawandels kommen extreme Wetterlagen häufiger vor.

Donner und Blitz
In einer Gewitterwolke sind Wassertropfen und Eisteilchen enthalten, die im Wind aneinanderreiben. Dadurch entsteht eine elektrische Spannung, die sich irgendwann als Blitz entlädt. Ein Donner ist das Geräusch, das von einem Blitz erzeugt wird.

Tornados
Diese gewaltigen Luftwirbel reichen vom Boden bis zu den Wolken. Einige sind so heftig, dass sie Bäume entwurzeln und Autos oder sogar ganze Häuser mitreißen.

Wirbelstürme
Einige dieser Hurrikane erreichen eine Größe von 800 Kilometern und eine Höhe von 16 Kilometern und haben eine große Zerstörungskraft.

Waldbrände
Große Feuer können durch Blitzeinschläge oder beispielsweise Lagerfeuer verursacht werden.

Überschwemmung
Wenn es sehr stark regnet und das Wasser nicht abfließen kann, besteht die Gefahr einer Überschwemmung.

Dürre
Wenn es heiß ist und eine lange Zeit nicht regnet, trocknet der Boden aus und reißt auf.

Erdbeben

Die Erdkruste ist wie ein Puzzle. Sie besteht aus verschiedenen Stücken, Platten genannt. Die Linie, an der zwei Platten aufeinandertreffen, nennt man Plattengrenze oder Bruchlinie. Erdplatten wandern pro Jahr ein paar Zentimeter in verschiedene Richtungen. Sie gleiten aber nicht immer sanft, sondern können sich verhaken und dann plötzlich weiterrutschen – und die Erde bebt.

Die meisten Erbeben passieren um die Pazifische Platte. Diese Gegend wird auch „Pazifischer Feuerring" genannt.

Den Punkt im Erdinneren, wo das Erdbeben ausbricht, nennt man **Herd.** Der Punkt auf der Erdoberfläche genau über dem Herd heißt **Epizentrum.**

Plattengrenzen

Die Platten bewegen sich unterschiedlich schnell und in verschiedene Richtungen. Es gibt drei Arten von Plattenbewegungen, wie du unten sehen kannst.

Divergenz: Die Platten driften voneinander weg.

Konvergenz: Hier bewegen sie sich aufeinander zu. Eine Platte wird dann unter die andere geschoben.

Transformstörung: Die Platten gleiten aneinander vorbei, und zwar entweder in die gleiche oder die entgegengesetzte Richtung.

Die Erdbebenstärke messen

Seismische Wellen sind Stoßwellen in der Erde. Die Stärke eines Erdbebens messen Wissenschaftler mit einem besonderen Gerät, dem Seismografen. Die Stärke der Stoßwellen wird anhand der Richterskala bestimmt. Hier siehst du, was bei welcher Zahl der Richterskala passiert:

Ein Erdbeben unter dem Meeresboden kann einen **Tsunami** auslösen. Tsunamiwellen sind rasend schnell und zerstören mit einer ungeheuren Wucht alles, worauf sie treffen, selbst Gebäude. Diese Zeichnung zeigt, wie eine Plattenbewegung unter Wasser einen Tsunami auslösen kann.

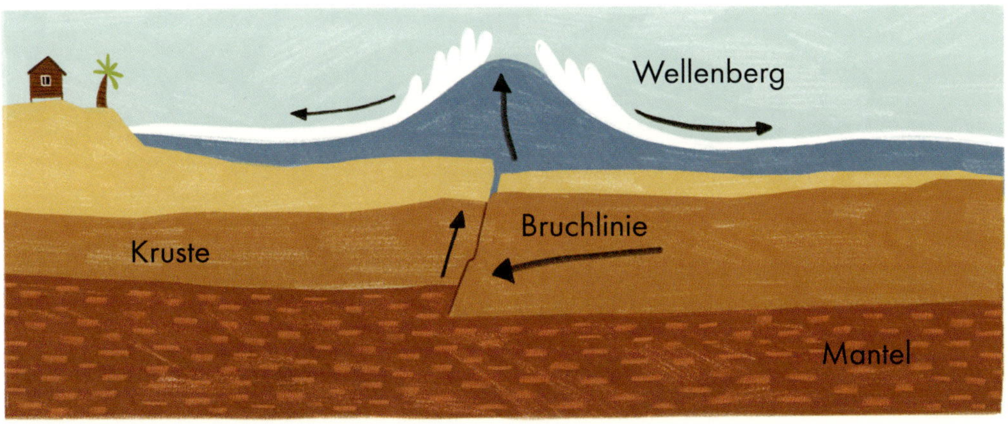

2011 wurde die japanische Region Tohoku durch ein Erdbeben der Stärke 9 und einen Tsunami zerstört, wie du auf dem Foto unten siehst.

Das Leben in Erdbebengebieten

In Gegenden, wo oft Erdbeben vorkommen, haben Architekten erdbebensichere Häuser entworfen.

Im **Taipei 101** in Taiwan hängt eine riesige Pendelkugel aus Metall, die im Falle eines Erdbebens in die entgegengesetzte Richtung schwankt. Das dämpft die Wucht des Bebens und schützt das Gebäude vor einem Einsturz.

Vulkane

Ein Vulkan ist ein Berg mit einer Öffnung oben, dem Krater, aus dem Lava, Gase und Asche austreten können. Heißes Magma aus dem Erdinneren drückt sich durchs Gestein und bricht oben heraus. Vulkanausbrüche können für Menschen, Tiere und Umwelt sehr zerstörerisch sein.

Gas

Vulkangase können in der Luft weite Strecken zurücklegen.

Asche

Sehr kleine Stückchen Fels und Gesteinsglas, die in die Luft geschleudert werden.

Vulkanische Bomben

Große Gesteinsbrocken, die beim Ausbruch weggeschleudert werden.

Pyroklastischer Strom

Eine sehr schnell abgehende Lawine aus heißer Asche, Gas und Gestein.

Lava

Tritt das Magma aus dem Vulkan aus, nennt man es Lava. Sie ist so heiß, dass sie Brände auslösen kann.

Magma

Heißes, flüssiges Gestein aus der Schicht unter der Erdkruste.

Vulkantypen

Vulkane unterscheidet man nach der Wahrscheinlichkeit, ob sie ausbrechen werden.

Aktiv (lebendig)

Ein aktiver Vulkan bricht regelmäßig aus.

Der **Ätna** in Sizilien, Italien, ist seit 2 600 000 Jahren aktiv.

Inaktiv (schlafend)

Einige Vulkane sind seit Langem nicht mehr ausgebrochen, das könnte sich aber ändern.

Der **Kilimandscharo** in Tansania hatte seinen letzten Ausbruch vor 200 Jahren.

Erloschen (tot)

Bei diesen Vulkanen gab es schon sehr lange keinen Ausbruch mehr und es wird wahrscheinlich auch nie wieder einen geben.

Der **Kohala** ist der älteste Vulkan in Hawaii. Sein letzter Ausbruch war vor 60 000 Jahren.

Vesuv, Pompeji

Der Vesuv brach im Jahr 79 n. Chr. aus. Damals starben Tausende Menschen. Eine rund 6 Meter dicke Schicht aus Lava, Asche und Schlamm begrub die Städte Pompeji, Herculaneum und Stabiae unter sich. Die Städte gerieten in Vergessenheit – bis Archäologen die Ruinen Anfang des 18. Jahrhunderts ausgruben und dadurch einzigartige Einblicke in das Leben der antiken Römer erhielten.

Vulkanische Hotspots

Vulkane und Erdbeben können auch fernab von Plattengrenzen entstehen, wenn unter der Erdkruste eine große Menge von extrem heißem Magma liegt. Das Magma kann die Erdkruste aufschmelzen, nach oben dringen und einen Vulkan erschaffen. Durch die Bewegung von Kontinentalplatten können sich ganze Vulkanketten bilden.

Gesteine und Mineralien

Ein Gestein ist ein hartes Material, das aus einem oder mehreren Mineralien besteht. Es gibt drei Hauptarten, die nach der Art ihres Entstehens unterschieden werden.

Sedimentgestein besteht aus verschiedenen Schichten Gestein, den Resten von Pflanzen und Tieren, die mit der Zeit zusammengepresst wurden. Der Grand Canyon in Amerika setzt sich aus Schichten von Sand- und Kalkstein zusammen.

Magmatische Gesteine entstehen, wenn Magma auskühlt und fest wird. Unter der Erde kühlt Magma langsam ab und bildet große Kristalle wie beim Granit. An der Erdoberfläche kühlt es schneller ab und bildet weniger Kristalle, sodass dieses Gestein glatter ist, wie der Obsidian.

Metamorphe Gesteine entstehen unter großer Hitze und hohem Druck. Metamorphe Gesteine wie Marmor, ursprünglich aus Kalkstein, sind sehr hart. Darum verwendet man sie gerne für Gebäude.

Marmor

Was ist ein Fossil?

Fossilien sind versteinerte Überreste von Tieren oder Pflanzen oder sogar einem Fußabdruck. Sie wurden in Sedimentgestein verewigt und können Millionen Jahre alt sein. Erforscher von Fossilien nennt man Paläontologen.

Wir wissen, dass es einmal Dinosaurier gab, weil Fossilien von ihnen ausgegraben wurden.

Wertvolle Edelsteine

Edelsteine entstehen im Inneren der Erde. Sie sind wertvoller als anderes Gestein, da sie wunderschön und nur schwer zu finden sind. Sie werden oft geschliffen, damit sie noch schöner aussehen.

Diamant

Rubin

Smaragd

Pyrit

Auch als Narrengold bekannt, da Pyrit teils für echtes Gold gehalten wurde.

Opal

Aragonit

Tigerauge

Amethyst

Wavellit

Türkis

Wüstenrose

Labradorit

Malachit

Jaspis

Schneeflocken-Obsidian

Apatit

Achat-Geode

Eine Geode ist ein Hohlraum im Gestein, in dem sich Kristalle gebildet haben.

Bäume

Bäume sind Pflanzen mit einem langen Stamm aus Holz. Wie alle Pflanzen sind sie Lebewesen, sie brauchen Luft, Licht, Wasser und Nährstoffe aus dem Boden, um zu überleben. Bäume haben wie Tiere einen Lebenszyklus: Ihre Samen sprießen, sie wachsen, sie pflanzen sich fort und sterben.

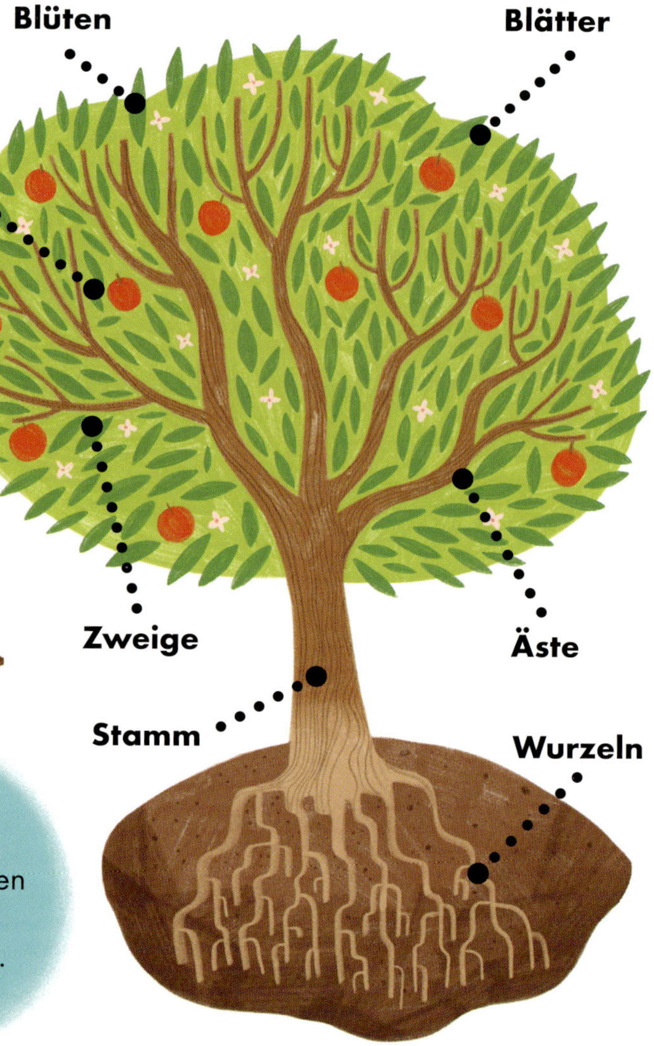

Wie wachsen Bäume?

1. Samen fallen vom Baum auf den Boden.

2. Unter guten Umständen keimen die Samen und bilden Wurzeln.

3. Die Wurzeln nehmen Nährstoffe und Wasser auf, die Blätter Sonnenlicht und Kohlendioxid, sodass der Baum wachsen kann.

4. Ist der Baum groß genug, bildet er Blüten, die zu Früchten mit neuen Samen werden.

Es gibt zwei Kategorien von Bäumen: **Laubabwerfende Bäume** verlieren ihre Blätter im Herbst. **Immergrüne Bäume** behalten ihre Blätter oder Nadeln das ganze Jahr über an den Zweigen.

Die Außenschicht des Stammes nennt man **Rinde.**

In Gegenden mit kaltem Winter und warmem Sommer wachsen **Baumstämme** in Ringen. Anhand der dunkleren Ringe kannst du das Alter des Baums bestimmen.

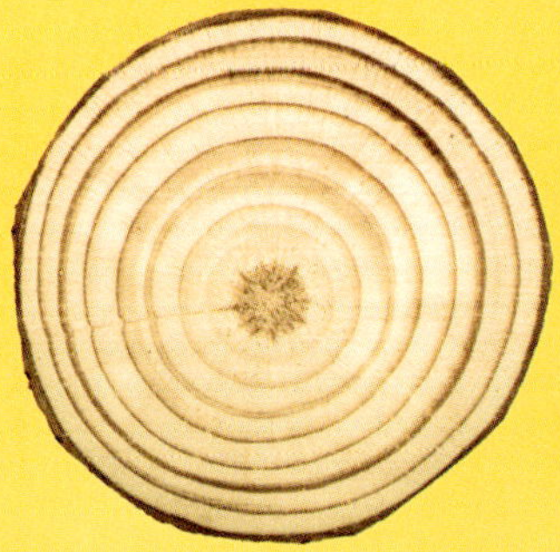

Blätter sind so wichtig, da sie einen Farbstoff enthalten, mit dem sie Sonnenlicht aufnehmen und Nährstoffe bilden können. Dieser Farbstoff macht die Blätter grün.

Die Lunge der Welt

Bäume nehmen Kohlendioxid aus der Atmosphäre auf. Das trägt dazu bei, dass die Erde nicht zu warm wird. Sie geben Sauerstoff ab, den Menschen und Tiere zum Atmen brauchen.

Der Amazonas-Regenwald ist der größte Wald der Welt.

Abholzung

Menschen fällen Bäume, um aus dem Holz Sprit, Möbel und sogar Häuser zu machen! Werden aber zu viele Bäume gefällt, wird weniger Kohlendioxid aufgenommen und zahlreiche Tiere verlieren ihren Lebensraum.

Lebens-raum

Drei Viertel aller Pflanzen und Tiere weltweit leben in Wäldern.

Unsere Wälder schützen

Einige Wälder werden nachhaltig bewirtschaftet. Das bedeutet, dass für die gefällten Bäume jeweils neue Bäume nachgepflanzt werden, damit der Wald über die Jahre bestehen bleibt.

Blüten

Blüten sind der Teil einer Pflanze, der Pollen bildet und woraus Samen und Früchte wachsen. Einige Pflanzen haben viele Blüten, andere nur eine einzige. Blüten gibt es in den verschiedensten Formen, Größen und Farben, weshalb Pflanzen so unterschiedlich aussehen.

Narbe

Hier werden die Pollen anderer Pflanzen aufgenommen.

Pollenschlauch

Befördert Pollen anderer Pflanzen zur Samenanlage.

Kelchblatt

Schützt die Blütenblätter.

Blatt

Erzeugt aus Wasser, Kohlendioxid und Sonnenenergie Nahrung. Das nennt man Fotosynthese.

Wurzeln

Nehmen Wasser und Nährstoffe aus dem Boden auf und halten die Pflanze im Boden fest.

Staubblatt

Dieser Teil erzeugt Pollen, die für neue Pflanzen benötigt werden.

Blütenblatt

Farbiger Teil der Blüte, der Insekten anlockt.

Griffel

Verbindet Narbe und Samenanlage.

Samenanlage

Hier wächst der Samen.

Stängel

Trägt die Blüte und transportiert Wasser von den Wurzeln zur Blüte.

Wie kommt das Wasser in die Pflanze?

Wurzeln nehmen Wasser und Nährstoffe aus dem Boden auf, die durch Röhren den Stängel hoch zu den Blättern geleitet werden. Hat eine Pflanze zu wenig Wasser, verwelkt und stirbt sie.

Wie vermehren sich Pflanzen?

Pollen werden durch Wind, Wasser oder Insekten zu anderen Pflanzen befördert. Landen die Pollen auf einer anderen Blüte derselben Art, befruchten sie diese Blüte. In deren Samenanlage bilden sich dann Samen, manchmal in einer Frucht. Die Samen werden dadurch verteilt, dass sie gefressen werden, runterfallen, von Wind oder Wasser weggetragen werden oder im Fell eines Tieres hängen bleiben.

Pflanzen und ihre Blüten haben verschiedene Farben, Formen und Größen.

Kakteen gehören zu den Sukkulenten. Mit ihren Stacheln halten sie Tiere davon ab, sie zu fressen.

Steinbrech überlebt aufgrund seiner langen, kräftigen Wurzeln in kalten, steinigen Gegenden.

Die **Titanenwurz,** oder auch „Leichenblume", riecht wie verwesendes Fleisch. Sie gehört zu den größten und seltensten Pflanzen der Welt. Bis zu 3 Meter kann sie hoch werden!

Die Blätter der **Venusfliegenfalle** sind wie ein Maul geformt. Wenn Insekten darauf landen, klappen sie zusammen. Die Pflanze braucht drei bis fünf Tage, um das gefangene Insekt zu verdauen.

Safran ist die Narbe einer **Krokus-**Art. Für 1 Gramm Safran braucht man 150 Blüten. Man verwendet es als Gewürz zum Kochen. Es wird oft „Gold der Küche" genannt, weil es fast so teuer wie Gold ist.

Farne

Farne haben keine Samen oder Blüten wie andere Pflanzen, aber Wurzeln, Stiele und Blätter. Man zählt circa 20 Farnfamilien. Einige Farnfamilien gab es schon vor den Dinosauriern!

Dieses Farnfossil fand man in Yorkshire in England. Sein Alter wird auf über 300 Millionen Jahre geschätzt.

Es gibt weltweit über 10 000 Farnarten – und man entdeckt immer mehr. Einige sind nur 1 Zentimeter, andere 20 Meter hoch.

Wie vermehren sich Farne?

Da Farne keine Samen haben, vermehren sie sich über Sporen. Das sind staubfeine Körnchen, die in den kleinen Punkten auf der Unterseite der Blätter sitzen. Werden sie von den Blättern geweht und landen auf feuchtem Boden, können daraus neue Farne wachsen.

Junge Farne haben schmale, leicht eingerollte Blätter. Wenn sie wachsen, werden die Blätter breiter und rollen sich aus.

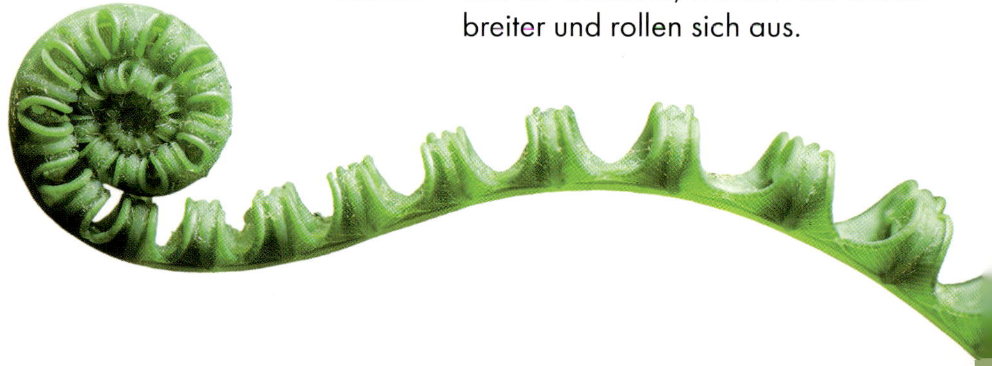

Pilze

Pilze sind Lebewesen, aber weder Pflanze noch Tier. Bekannte Pilze sind Champignons, Trüffel und Hefepilze.

Fruchtkörper

Der Fruchtkörper ist der oberirdische Teil des Pilzes. Pilze mögen dunkle, feuchte Orte. Einige sind essbar, andere äußerst giftig.

Die **Giftige Feuerkoralle** ist ein seltener, tödlicher Pilz aus Asien.

Der **Fliegenpilz** sieht hübsch aus, ist aber sehr giftig und verursacht Halluzinationen (man sieht Dinge, die gar nicht da sind) und ernsthafte Erkrankungen bis hin zum Tod.

Steinpilze sind besonders in der italienischen Küche sehr beliebt. Sie haben einen kräftig nussigen Geschmack.

Trüffel

Trüffel sind ein besonderes und teures Lebensmittel. Sie sehen wie Erdklumpen aus und können so klein wie eine Erbse oder so groß wie eine Orange sein. Der größte Trüffel der Welt wog um die 2 Kilogramm und wurde für über 45 000 Euro verkauft.

Trüffel wachsen circa 30 Zentimeter tief im Boden. Trüffelsucher nehmen häufig Schweine oder Hunde mit auf die Suche, die die Trüffel erschnüffeln.

Hefepilze

Hefepilze kommen überall im Boden oder auf Pflanzen vor. Es handelt sich um einzellige Organismen, die Nährstoffe, Wärme und Feuchtigkeit brauchen. Mit einigen Hefepilzen kann man Essen und Getränke herstellen.

Tiere

Tiere sind Lebewesen, die zum Überleben Nahrung, Wasser und Sauerstoff brauchen. Es gibt Millionen von Tierarten auf der Welt, an Land und im Wasser.

Tierarten

Man kann Tiere nach ihren gemeinsamen Merkmalen einteilen, z. B. ob sie eine Wirbelsäule haben, ob sie Warm- oder Kaltblüter sind oder Eier legen. Diese Gruppen werden „Klassen" genannt.

Es gibt sechs Tierklassen:

Lebensräume

Tiere haben verschiedene Lebensräume, auch Habitate genannt. Diese unterscheiden sich durch Klima und Nahrungsvorkommen. Tiere passen sich ihrem Lebensraum an.

Schneeziegen leben in den steilen Gebirgsregionen Nordamerikas. Ihre Hufe haben zwei Klauen und eine gummiartige Sohle, was ihnen das Klettern auf steilen Felsvorsprüngen ermöglicht.

Eichhörnchen leben im Wald und sind gute Kletterer. Ihr buschiger Schwanz hilft ihnen, das Gleichgewicht zu halten, und ihre Hinterbeine können sie so drehen, dass sie einen Baum auch kopfüber runterklettern können.

Antarktisfische überleben selbst in den kältesten Gewässern, da sie eine Art Gefrierschutz-Protein in ihrem Blut haben.

Der **Polarfuchs** lebt in der Arktis. Im Sommer ist sein Fell dunkel, im Winter ist es weiß. Die perfekte Tarnung!

Der **Tukan** lebt im Amazonas-Regenwald. Mit seinem großen, langen Schnabel kann er sich die Nahrung auch von Zweigen pflücken, die ihn nicht tragen könnten.

Kamele leben in der heißen, trockenen Wüste. In ihren Höckern lagern sie Fett ein, das ihnen als Nahrung dient, wenn sie nicht genug zu fressen finden.

Säugetiere

Säugetiere haben eine Wirbelsäule, Haare oder Fell und atmen über die Lunge. Ihre innere Körpertemperatur ist immer gleich. Weibliche Säugetiere können Milch als Nahrung für ihre Jungen produzieren. Auch wir Menschen zählen zu den Säugetieren.

Es gibt mehr als **5500** Arten von Säugetieren, Menschen eingeschlossen! Sie leben auf allen sieben Kontinenten der Erde.

Höhere Säugetiere

Die meisten weiblichen Säugetiere tragen ihre Jungen im Bauch, bis diese voll ausgebildet sind. Man nennt sie auch Plazentatiere, da die Babys im Bauch alle Nährstoffe über die Plazenta, eine Art Sack im Bauch der Mutter, erhalten.

Löwe

Von allen Katzen brüllt der Löwe am lautesten. Sein Gebrüll hört man bis zu 8 Kilometer weit!

Die **Hummelfledermaus** ist mit ihrer Größe von nur ungefähr 2,5 Zentimetern das kleinste Säugetier der Welt.

Fennek

Dieser Wüstenfuchs wiegt nur 1,5 Kilogramm, seine Ohren können aber bis zu 15 Zentimeter lang werden. In der heißen Wüste dienen sie seiner Wärmeregulation.

Wasserschwein

Über die Hälfte aller Säugetiere sind Nagetiere. Das Wasserschwein ist die größte Art dieser Tiergruppe. Es wird bis zu 1,20 Meter lang.

Beuteltiere

Beuteltiere tragen ihre Jungen so lange in ihrem Bauchbeutel, bis diese sich vollständig entwickelt haben.

Kängurus können über 2 Meter groß werden. Den langen Schwanz brauchen sie fürs Gleichgewicht.

Känguru

Ein neugeborener Koala ist so klein wie ein Gummibärchen. Er krabbelt in den Beutel seiner Mutter und bleibt dort noch weitere sieben Monate, um zu wachsen.

Koala

Kloakentiere

Kloakentiere sind die einzigen Säugetiere, die Eier legen. Es gibt nur zwei Typen von ihnen: Ameisenigel und Schnabeltiere.

Schnabeltier

Meeressäuger

Die meisten Säugetiere leben an Land, einige leben auch im Wasser – oder an beiden Orten.

Der Blauwal ist das größte Säugetier der Welt.

Blauwal

Babyrobben haben ein flauschiges Fell, das sie besonders warm hält. Später verlieren sie dieses Fell und bekommen ein glattes.

Sattelrobbenjunges

TIERWELT

Vögel

Ein Vogel ist ein Tier, das Eier legt. Es hat Flügel, Federn, einen Schnabel und zwei Beine. Vögel sind Warmblüter und Wirbeltiere. Auf der ganzen Welt gibt es mehr als 9000 Vogelarten in allen Farben und Größen.

Kolibris können auf der Stelle fliegen und so den Nektar aus Blüten saugen. Sie können als einzige Vögel auch rückwärts fliegen!

Großer Soldaten-Ara

Alle Vögel schlüpfen aus **Eiern.** Straußeneier sind die größten der Welt. Sie wiegen bis zu 24-mal so viel wie ein Hühnerei.

Strauß

Wozu sind Federn gut?

Federn helfen den Vögeln beim Fliegen und halten sie warm. Mit ihrem bunten Gefieder werben Vögel wie der Papagei um eine Partnerin.

Graugänse

Warum ziehen Vögel fort?

Ungefähr die Hälfte aller Vogelarten zieht je nach Jahreszeit von einer Region in die andere, um dort Nahrung zu finden. Graugänse fliegen Tausende Kilometer, während Pinguine ihren Weg an Land zurücklegen.

Der **Albatros** hat mit bis zu 3,50 Meter die größte Flügelspannweite aller Vögel. Seine Flügel sind so groß, dass er stundenlang durch die Luft gleiten kann, ohne eine Pause einzulegen oder überhaupt mit den Flügeln zu schlagen.

Größe im Verhältnis zu einer 1,80 Meter großen Person

Pinguine benutzen ihre Flügel als Flossen, mit denen sie schnell schwimmen können.

Die meisten Vögel ernähren sich von Insekten, Fischchen oder anderen kleinen Tieren. Einige fressen aber auch andere Vögel oder mittelgroße Säugetiere.

Langer, gebogener Schnabel, um Nahrung aus dem Wasser zu filtern.

Ein langer Hals für die Futtersuche unter Wasser.

Flamingos werden mit grauem Gefieder geboren. Das verfärbt sich mit der Zeit rosa, da sie eine Menge kleine, rosafarbene Krebse fressen.

Es sieht so aus, als würden ihre Knie falsch herum abknicken. Es sind aber ihre Fußgelenke.

Mit ihren langen Beinen können sie in tiefem Wasser stehen.

Männliche **Paradiesvögel** posieren und tanzen, um Weibchen anzulocken.

Wenn **Lerchen** zwitschern, hört es sich an, als würden sie singen.

Reptilien

Fast alle Reptilien haben eine schuppige Haut, legen Eier und sind Kaltblüter. Das bedeutet, dass sie ihre Temperatur nur mithilfe der Sonne regeln können.

Dreiecksnatter

Die meisten Reptilien haben wasserfeste **Hornschuppen,** andere tragen dicke **Hornplatten.**

Schildkrötenjunges

Die meisten Reptilien legen **Eier,** aber einige Schlangen bringen lebende Junge zur Welt.

Eidechsen-skelett

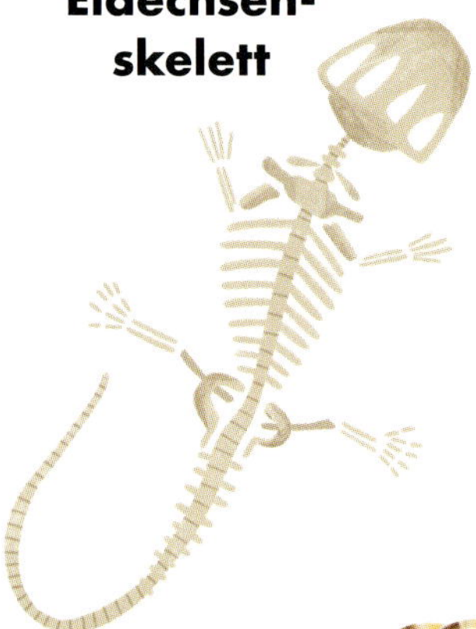

Reptilien sind **Wirbeltiere.** Sie haben also wie wir eine Wirbelsäule innerhalb des Körpers.

Leguane blähen ihren Kehlsack auf, um Feinde einzuschüchtern.

Grüner Leguan
Leguane können bis zu 2 Meter lang werden.

Chamäleon

Eidechsen

Eidechsen gibt es fast überall auf der Welt. Ihr Körper und Schwanz sind lang, ihr Hals und Kopf klein.

Schlangen

Schlangen sind schuppig wie Eidechsen. Sie haben aber keine Beine, stattdessen kriechen sie über den Boden.

Ketten-Königsnatter

Tuatara

Diese seltenen **Echsen** gibt es nur in Neuseeland. Sie gehören zu einer Reptiliengruppe, die schon zu Zeiten der Dinosaurier über die Erde streifte.

Brückenechse

Schildkröten

Schildkröten kommen an Land, im Meer und im Süßwasser vor. Ihr Panzer ist Teil ihres Skeletts.

Grüne Meeresschildkröte

Krokodile

Es gibt 26 Krokodilarten. Hierzu gehören Alligatoren mit den Kaimanen, Echte Krokodile und Gaviale. Krokodile sind die größten Reptilien und zählen zu den tödlichsten Tieren der Welt.

Leistenkrokodil

Amphibien

Amphibien sind kleine Wirbeltiere, die im Wasser und an Land leben. Die meisten legen ihre Eier im Wasser oder an Ufern. Es sind Kaltblüter und sie halten Winterschlaf.

Auf der Welt existieren über 7000 Amphibienarten. Man teilt sie in drei Kategorien ein: Schwanzlurche, Froschlurche und Schleichenlurche.

Schwanzlurche

Es gibt 650 Arten von Molchen und Salamandern. Einige leben ihr ganzes Leben im Wasser und atmen durch Kiemen. Andere kommen als erwachsene Tiere an Land und atmen durch die Lunge.

Froschlurche

9 von 10 Amphibien sind Frösche und Kröten. Frösche leben im Wasser oder in dessen Nähe, Kröten eher in Feuchtgebieten an Land.

Der **Lebenszyklus von Amphibien** unterscheidet sich von dem anderer Tierklassen, weil Amphibien im Laufe ihres Lebens ihre Gestalt verändern. Diesen Vorgang nennt man Metamorphose. Der Frosch ist dafür ein gutes Beispiel.

Frösche legen in Teichen oder Tümpeln viele glibberige Eier ab, den sogenannten **Froschlaich.**

Aus den Eiern entstehen **Kaulquappen,** die komplett im Wasser leben.

Der Kaulquappe wachsen zuerst die hinteren, dann die vorderen Beine.

Während die Beine noch weiterwachsen und der Schwanz schrumpft, bildet sich ihre Lunge aus, sodass sie an Land atmen kann. Sie ist nun zu einem jungen **Frosch** geworden.

Schleichenlurche

Schleichenlurche sind lang gestreckt, haben keine Beine und leben unter der Erde oder in Flachgewässern. Sie sind Fleischfresser, denn sie ernähren sich von Insekten und anderen wirbellosen Tieren. Es gibt ungefähr 200 Arten von ihnen. Die kleinsten sind nur 9 Zentimeter lang, die größten können bis zu 1,50 Meter lang werden!

Panama-Blindwühle

Giftige Amphibien

Da Amphibien auf dem Boden oder im Wasser leben, ist die Gefahr für sie groß, von einem Raubtier angegriffen und gefressen zu werden. Darum haben einige eine giftige Haut oder können Gift verspritzen. Viele haben eine grelle Farbe, um ihre Feinde zu warnen.

Pfeilgiftfrosch

Tarnung

Einige Frösche und Kröten können sich sehr gut tarnen. Entdeckst du auf diesem Baum den **Grauen Laubfrosch?**

Giftige Haut oder giftiger Biss?

Einige Tiere sondern über ihre Haut Gift ab, um sich gegen Feinde zu schützen. Andere jagen mit Gift, das sie ihrer Beute durch einen Biss oder Stich zuführen.

Kaisermolch

Fische

Fische leben im Wasser. Es sind Kaltblüter wie die Reptilien. Sie sind aber leicht zu unterscheiden, da Fische keine Beine haben. Es gibt weltweit mehr als 30 000 Fischarten, die in den Ozeanen, in Flüssen, Seen oder Teichen leben.

Warum schwimmen Fische im Schwarm?

Einige Fische schwimmen in Gruppen, genannt Schwarm. Dadurch sehen sie für ihre Fressfeinde größer aus, als sie in Wirklichkeit sind, und schrecken sie ab.

Fische gibt es in allen möglichen Farben und Größen.

Clownfisch

Der Clownfisch lebt gut geschützt in Seeanemonen. Seeanemonen stechen Fische normalerweise, aber Clownfische haben eine Schleimschicht auf der Haut, die sie gut schützt.

Schlammspringer

Schlammspringer sind etwas Besonderes, denn sie können auch an Land überleben.

Echter Steinfisch

Der Steinfisch tarnt sich als Koralle. Wenn kleinere Fische vorbeischwimmen, schnappt er zu.

Flossen

Mithilfe ihrer Flossen können Fische schwimmen, sich drehen, das Gleichgewicht halten und anhalten.

Kiemen

Die Kiemen liegen in weichen Hautlappen unter einem stabilen Kiemendeckel. Beim Schwimmen nimmt der Fisch Wasser über das Maul auf, leitet es durch die Kiemen und filtert so den Sauerstoff heraus.

Augen

Die Augen befinden sich bei Fischen seitlich am Kopf, sodass sie nach Feinden rundum Ausschau halten können.

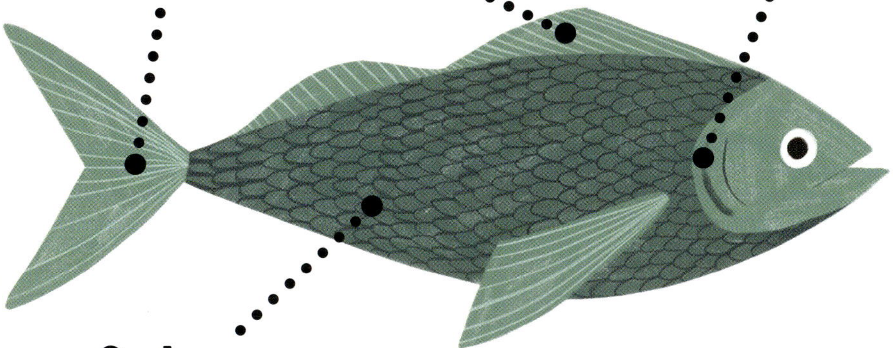

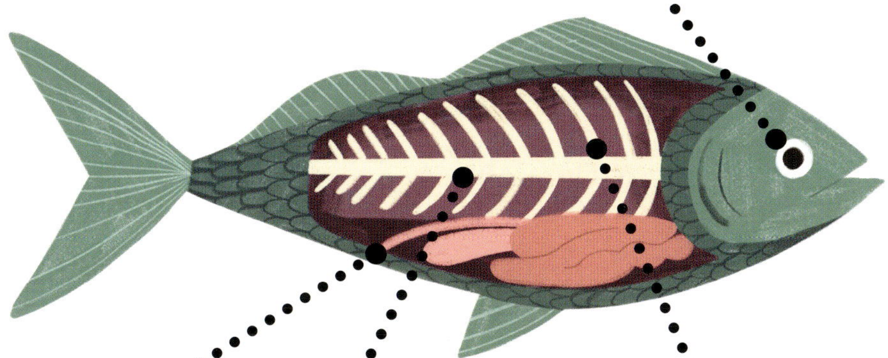

Schuppen

Die überlappenden Fischschuppen bilden eine wasserfeste Schicht, die auch vor Fressfeinden schützt.

Schwimmblase

Fische füllen dieses Organ mit Luft, um in oberen Wasserschichten schweben zu können, ohne abzusinken, und lassen Luft ab, um sich schwerer zu machen, wenn sie weiter unten schwimmen wollen.

Wirbelsäule

Fische sind Wirbeltiere, das heißt, sie haben eine Wirbelsäule.

Gräten

Die Gräten, die an der Wirbelsäule ansetzen, schützen die inneren Organe.

Die meisten Fischweibchen legen Tausende Eier auf einmal ab. Das Fischmännchen befruchtet sie anschließend.

Fliegende Fische springen aus dem Wasser und gleiten mithilfe ihrer Flossen durch die Luft.

Haie

Obwohl die meisten Haie lebende Junge zur Welt bringen, gehören sie zu den Fischen, denn sie sind Kaltblüter. Der Walhai ist der größte Fisch, den es gibt.

Quallen

Quallen sind keine richtigen Fische. Sie gehören zu den wirbellosen Tieren.

Seepferdchen haben einen langen Rüssel, mit dem sie in kleinen Spalten nach Futter suchen.

Wirbellose

Wirbellose Tiere haben keine Wirbelsäule oder Skelett. Einige haben einen Schutzpanzer um den Körper, andere haben überhaupt keinen Schutz. 90 Prozent aller Tiere dieser Erde sind wirbellos. Es gibt sehr viele verschiedene Arten.

Stachelhäuter

Stachelhäuter leben im Wasser. Sie haben eine harte, borstige Haut und keinen Kopf. Einige haben Stacheln, etwa der Seeigel, andere sind mehrarmig wie ein Seestern.

Seestern

Nesseltiere

Nesseltiere wie Seeanemonen oder Quallen sind wirbellose Wassertiere mit brennenden Tentakeln.

Qualle

Weichtiere

Weichtiere haben keine Knochen, aber einen ausgeprägten Kopf und Eingeweidesack. Die meisten haben einen Panzer oder eine Schale, die anderen können ihre weichen Körper auf Nahrungssuche durch die engsten Löcher quetschen.

Tintenfisch

Weinberg-schnecke

Schwämme

Schwämme sind wirbellosen Tiere, die weder Körperöffnungen noch Nerven oder Organe haben. Sie heißen so wegen ihrer porigen Haut. Sie ernähren sich, indem sie Mikroorganismen über ihre Poren aufnehmen.

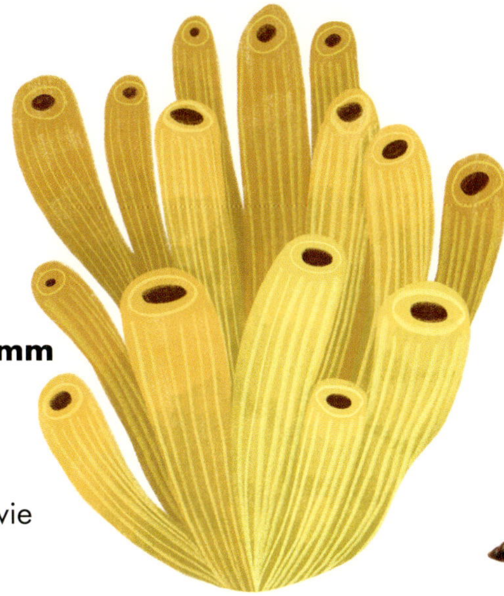

Tiefseeschwamm

Ringelwürmer

Ringelwürmer haben einen weichen, in sogenannte Segmente gegliederten Körper. Sie leben in der Erde, im Wasser oder sogar in anderen Tieren.

Regenwurm

Gliederfüßer

Diese Tiere haben eine harte Körperhülle, so etwas wie eine Rüstung. Das nennt man Außenskelett.

Insekten haben einen Panzer und sechs Beine. Es gibt über 1 Million Arten. Bekannte Artenfamilien sind Marienkäfer, Heuschrecken, Libellen und Schmetterlinge.

Grashüpfer

Ameisen

Spinnentiere
Das sind Gliederfüßer mit acht Beinen. Meistens handelt es sich um Spinnen, aber Skorpione, Zecken und Milben gehören auch dazu.

Skorpion

Vogelspinne

Krebstiere leben im Wasser, haben einen harten Panzer und mindestens vier Beine. Einige haben zum Nahrungsfang und zur Verteidigung Krebsscheren an den Vorderbeinen.

Halloween-krabbe

Garnele

Tausendfüßer haben lange, vielgliedrige Körper und sehr viele Beine, wie die Hundert- oder die Doppelfüßer. Hundertfüßer haben an jedem Körpersegment ein Beinpaar, Doppelfüßer haben jeweils zwei.

Hundertfüßer

Doppelfüßer

GESCHICHTE

Urerde

Die Geschichte der Erde wird in Erdzeitalter unterteilt. Diese geologischen Zeitabschnitte beziehen sich auf verschiedene Phasen, als die Erde noch ganz anders aussah. Die Zeitalter endeten meistens mit einem Ereignis, dass ein Massenaussterben auslöste.

Anfangs gab es auf der Erde kein Leben. Pflanzen und Tiere entwickelten sich erst mit der Zeit.

Ära	Zeitalter	Beginn	Ereignis
	Hadaikum	Vor 4,6 Milliarden Jahren	Entstehung der Erde
	Archaikum	Vor 4 Milliarden Jahren	Die Erde kühlt ab
	Proterozoikum	Vor 2,5 Milliarden Jahren	Erstes Leben
Paläozoikum	**Kambrium**	Vor 541 Millionen Jahren	Erste Wirbellose
	Ordovizium	Vor 485 Millionen Jahren	Erste Fische
	Silur	Vor 443 Millionen Jahren	Erste Landtiere
	Devon	Vor 419 Millionen Jahren	Erste Samenpflanzen
	Mississippium	Vor 358 Millionen Jahren	Viele Meerestiere
	Pennsylvanium	Vor 323 Millionen Jahren	Erste Insekten
	Perm	Vor 298 Millionen Jahren	Erste Reptilien
Mesozoikum	**Trias**	Vor 251 Millionen Jahren	Erste Dinosaurier Erste Säugetiere
	Jura	Vor 201 Millionen Jahren	Erste Vögel
	Kreide	Vor 145 Millionen Jahren	Viele Dinosaurier
Känozoikum	**Tertiär**	Vor 66 Millionen Jahren	Viele Säugetiere
	Quartär	Vor 2,5 Millionen Jahren	Erste Menschen
		Heute	

Trias

Das Mesozoikum wird in drei Perioden gegliedert: Trias, Jura und Kreide. Kurz vor Beginn der Triaszeit brachen Hunderte Vulkane aus, wodurch riesige Gebiete mit Lava überströmt und viele Tiere getötet wurden.

Die **Archosaurier** und **Therapsiden** überlebten.

Die **Archosaurier** ähnelten Krokodilen und lebten an Land. Krokodile, Dinosaurier, Vögel und Flugsaurier gehören alle zur Gruppe der Archosaurier.

Lagosuchus
La-go-SU-chus

Arizonasaurus
A-ri-ZO-na-sau-rus

Einige Reptilien verloren ihre Schuppen und bekamen ein Fell, als sie sich zu **Therapsiden** entwickelten. Alle Säugetiere, auch wir Menschen, sind Therapsiden.

Lystrosaurus
Lüs-tro-sau-rus

Erste Säuger

Die ersten Säugetiere entwickelten sich gegen Ende der Trias aus Therapsiden.

Erste Dinosaurier

Die ersten Dinosaurier und Flugsaurier entstanden am Ende der Trias aus einer Gruppe der Archosaurier, den Ornithodira. Am Ende dieser Periode gab es ein weiteres Massenaussterben, das die Dinosaurier aber überlebten.

GESCHICHTE

Jura

Zur Jurazeit war es warm und feucht, sodass sich viele neue Pflanzen und Tiere entwickeln konnten, genauso wie neue Dinosaurierarten und verschiedene Meerestiere und Vögel.

Archaeopteryx
Ar-chä-OP-te-rix

Der Archaeopteryx war der erste uns bekannte Vogel. Dieses Fossil stellte einen wichtigen Fund dar: Es zeigte, wie sich Vögel aus Dinosauriern entwickelt haben.

Brachiosaurus
BRA-chi-o-sau-rus

Der Brachiosaurus war ein reiner Pflanzenfresser. Er wog zwischen 30 und 45 Tonnen, das ist so viel wie vier Elefanten zusammen!

Mit seinem langen Hals konnte der Brachiosaurus auch die Blätter von sehr hohen Bäumen erreichen.

Stegosaurus

STE-go-sau-rus

Dieser Pflanzenfresser hatte am Rücken zwei Reihen mit Knochenplatten, über die er vermutlich seine Körpertemperatur regeln konnte. Damit wirkte er aber auch größer und furchteinflößender.

Pliosaurus

PLI-o-sau-rus

Dieses riesige Reptil lebte im Meer und fraß andere Meerestiere. Der Pliosaurus konnte bis zu 26 Meter lang werden.

Allosaurus

AL-lo-sau-rus

Der Allosaurus war ein großer Fleischfresser mit kräftigen Kiefern und langen, gezackten Zähnen.

GESCHICHTE

Kreide

Zur Kreidezeit hatte der Meeresspiegel den höchsten Stand in der Geschichte und es herrschte tropisches Klima. Sie endete, als in Mexiko ein riesiger Meteorit einschlug und alle Dinosaurier vernichtete.

Tyrannosaurus rex
TÜ-RAN-no-sau-rus rex

Der T-rex war der Superstar der Kreidezeit. Er gilt als brutaler Killer und daher als König der Dinosaurier.

Er hatte kurze, aber kräftige Arme. Damit hat er wahrscheinlich seine Beute umklammert, um sie dann mit einem Nackenbiss zu töten.

Der Tyrannosaurus rex hatte 60 Zähne. Der größte konnte bis zu 20 Zentimeter lang sein.

Der Tyrannosaurus rex konnte bis zu 14 Meter lang werden – länger als ein Bus!

Pteranodon

Pte-RA-no-don

Der Pteranodon war ein zahnloser Flugsaurier mit einem Hinterhauptkamm. Seine Flügelspannweite konnte bis zu 7 Meter betragen.

Triceratops

Tri-ZE-ra-tops

Seine drei großen Hörner und der Nackenschild dienten der Verteidigung. Paläontologen glauben, dass er Blut in den Schild pumpte, um mit den kräftigen Farben seine Feinde zu verjagen.

Mosasaurus

MOH-sa-sau-rus

Der Mosasaurus war ein Meeresreptil. Er wird oft für einen Dinosaurier gehalten, er war jedoch eine schwimmende Riesenechse.

Frühzeit des Menschen

Vor ungefähr 4 Millionen Jahren sahen die Menschen noch ganz anders aus. Die Urmenschen stammen von heute ausgestorbenen Primaten ab. Sie entwickelten sich über verschiedene Arten zum heutigen Menschen, dem sogenannten *Homo sapiens*.

Australopithecus afarensis	***Homo habilis***	***Homo erectus***	***Homo neanderthalensis***	***Homo sapiens***
Lebte vor 3,7–2,9 Millionen Jahren	Lebte vor 2,4–1,5 Millionen Jahren	Lebte vor 2 Millionen–200 000 Jahren	Lebte vor 400 000–40 000 Jahren	Lebt seit rund 315 000 Jahren bis heute

Wo lebten urzeitliche Menschen?

Wasser war überlebenswichtig, sodass Menschen bestimmt umherzogen, um welches zu finden. Bei wärmerem Wetter lebten die frühen Menschen in zeltähnlichen Behausungen aus Holz und Tierhäuten und bei kälterem Wetter in Höhlen.

Jäger und Sammler

Die Urmenschen aßen alles, was sie finden konnten. Sie jagten Tiere für Fleisch und Leder, fingen Fische in Flüssen und Seen und sammelten Beeren.

Kleidung und Werkzeuge

Die frühen Menschen hielten sich mit Kleidung aus Tierhäuten warm. Sie machten sich auch Werkzeuge aus Holz oder Stein. Eine Gesteinsart, Feuerstein, war besonders wichtig. Man konnte ihn schärfen, um daraus Waffen und Werkzeuge herzustellen. Wenn man zwei Stücke davon gegeneinanderschlug, gab es Funken für ein Feuer.

Malerei

Höhlenmalereien und Ritzzeichnungen verraten viel über die frühen Menschen. Diese Malereien entdeckte man tief in Höhlen, sie mussten also bei Feuerschein gemalt worden sein. Die Farben stellten die Frühmenschen aus Tierfett, Pflanzen und Kohle her. Häufig malten sie Menschen, Tiere, Landschaften und Symbole.

Tiere der Eiszeit

Viele Tiere zu Zeiten der Urmenschen sind heute ausgestorben, wie beispielsweise die Mammuts, die vor 3 bis 4 Millionen Jahren lebten und wegen ihres Fleisches, Fells und ihrer Stoßzähne gejagt wurden.

Mammut

Mammuts sahen aus wie große, haarige Elefanten mit riesigen Stoßzähnen.

Säbelzahntiger

Der Säbelzahntiger war eine wilde Großkatze mit langen Reißzähnen. Vor 12 000 Jahren starb er aus.

GESCHICHTE

Altes Ägypten

Das alte Ägypten war die erste größere afrikanische Zivilisation. Sie entstand vor 5000 Jahren, als einige Menschen die ersten Häuser am Ufer des Nils in Ägypten bauten, und dauerte 3000 Jahre an.

Was war ein Pharao?

„Pharao" war das altägyptische Wort für König. Pharaonen herrschten über Ägypten, entschieden über Gesetze und führten das Heer an. Tutanchamun war der jüngste ägyptische König. Er wurde schon mit neun Jahren Pharao und regierte das Land etwa zehn Jahre lang.

Diese Totenmaske aus massivem Gold fand man in Tutanchamuns Grab.

Die alten Ägypter bauten viele Gebäude wie Pyramiden, Paläste, Tempel und Grabkammern. **Pyramiden** waren riesige Grabstätten für Pharaonen. Sie hatten vier dreieckig geformte Seiten und im Inneren zahlreiche Räume und Gänge. Die Pyramiden wurden wahrscheinlich von Arbeitern aus ganz Ägypten gebaut.

Die Ägypter glaubten, dass ihr Leben nach dem Tod in etwa so weitergeht wie bisher, nur in einer perfekten Weise. Also wurde man mit Kleidung, Schmuck und Haushaltsgegenständen begraben, die man mit ins Jenseits nehmen würde.

Die **Cheops-Pyramide von Gizeh** ist die größte ägyptische Pyramide. Sie besteht aus über 2 Millionen Steinblöcken, die aus ganz Ägypten, wahrscheinlich auf hölzernen Schlitten oder Booten, herbeigeschafft wurden.

Der Sonnenkalender

Der altägyptische Kalender war anders als unser heutiger Kalender. Er richtete sich nach der Sonne. Danach planten die Ägypter, wie sie das Land bestellen sollten.

Der Nil

Der Nil ist der längste Fluss der Welt. Er war von großer Bedeutung für die alten Ägypter, da sie diese enorme Wasserquelle zum Fischen und zur Bewässerung ihrer Felder nutzen konnten. Außerdem badeten sie in dem Fluss und transportierten Güter auf ihm.

Mumifizierung

Im alten Ägypten wurden Tote erst mumifiziert und dann begraben. Man glaubte, dass der Körper für das Leben nach dem Tod erhalten bleiben muss. Zuerst wurden alle inneren Organe aus dem Körper genommen, dann wurde der Körper getrocknet und mit Bandagen umwickelt. Wichtige Personen wie Pharaonen wurden in Holzsärgen begraben.

Hieroglyphen
(Hie-ro-GLÜ-fen)

Im antiken Ägypten schrieb man in Hieroglyphen. Der Rosettastein ist hierfür ein berühmtes Beispiel. Historiker konnten die eingeritzten Symbole entschlüsseln, da der Text auch in altem Griechisch und Demotisch, der ägyptischen Alltagsschrift, geschrieben war.

Große Sphinx von Gizeh

Diese Statue eines Löwen mit Menschenkopf wurde aus einem massiven Kalksteinhügel herausgeschlagen. Sie bewacht die Pyramiden von Gizeh.

Das Malireich

Das Malireich in Westafrika wurde im 13. Jahrhundert begründet und bestand bis zum 15. Jahrhundert. Das Mali-Heer war sehr mächtig und eroberte viel Land. So wurde das Malireich zur größten Zivilisation Afrikas in dieser Zeit. Regiert wurde es von einem König, dem Mansa.

Das Malireich besaß fruchtbares Land und Bodenschätze wie Gold und Kupfer, die mit anderen Ländern gehandelt wurden. Durch das Reich floss der Niger, an dessen Ufern Getreide angebaut wurde und Vieh graste. Auch von Fisch aus Flüssen und dem Meer ernährte man sich.

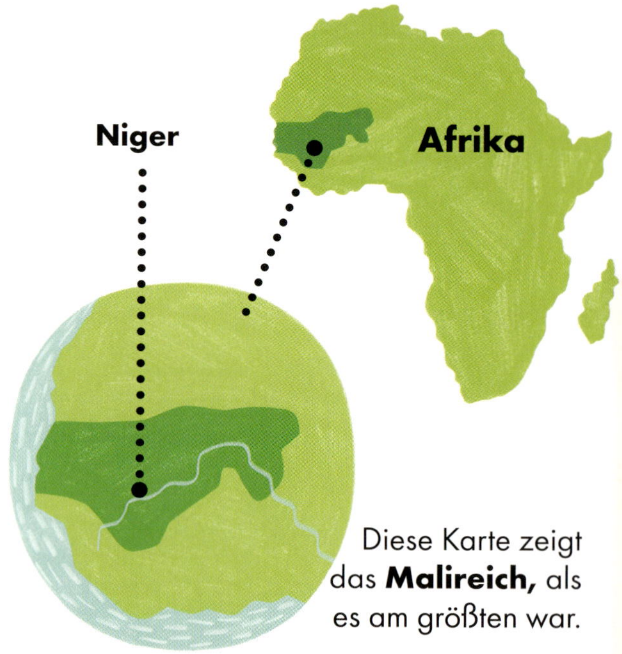

Diese Karte zeigt das **Malireich,** als es am größten war.

Der reichste Mann der Welt

Mansa Musa I. von Mali regierte das Reich Anfang des 14. Jahrhunderts. Sein Vermögen betrug schätzungsweise 350 Milliarden Euro. Nie hat es auf der Welt einen reicheren Menschen gegeben. Er vermehrte sein Vermögen durch die Produktion und den Handel von Waren.

1324 pilgerte Mansa Musa I. nach Mekka. Er ließ sich von 60 000 Untertanen und 80 mit Gold beladenen Kamelen begleiten, um seinen Reichtum zu zeigen. Auf dem Weg gab er so viel Gold aus, dass das Gerücht aufkam, die Straßen von Mali seien mit Gold gepflastert.

Timbuktu war eine wichtige Handelsstadt des Malireichs. Mansa Musa I. ließ während seiner Herrschaft viele eindrucksvolle Gebäude bauen, unter anderem die Sankoré-Universität. Der Bau ist eine Holzkonstruktion mit Lehmwänden. Da sie über die Jahrhunderte immer wieder ausgebessert wurde, steht sie noch heute.

Der Niedergang des Malireichs

Nach dem Tod von Mansa Musa I. 1337 verprassten seine Erben das meiste Geld. Der Thron ging nicht immer an das älteste Kind, sodass häufig Bürgerkriege ausbrachen, wenn verschiedene Familienmitglieder um die Herrschaft kämpften. Der Untergang des Malireichs war gegen 1460, als rivalisierende Königreiche neue Handelsrouten anlegten und das Land einnahmen.

Indigene Völker Amerikas

Bevor die Europäer am Anfang des 16. Jahrhunderts nach Nordamerika kamen, lebten dort schon seit Tausenden von Jahren Menschen. Einige indigene Völker bewahren noch immer die Traditionen ihrer Vorfahren.

Alltagsleben

Die Menschen lebten in Gruppen, genannt Stämme, über das ganze Land verteilt in Zeltlagern, Dörfern und Städten. Es gab viele Stämme, und sie alle unterschieden sich in ihrer Sprache, Ernährungs- und Lebensweise.

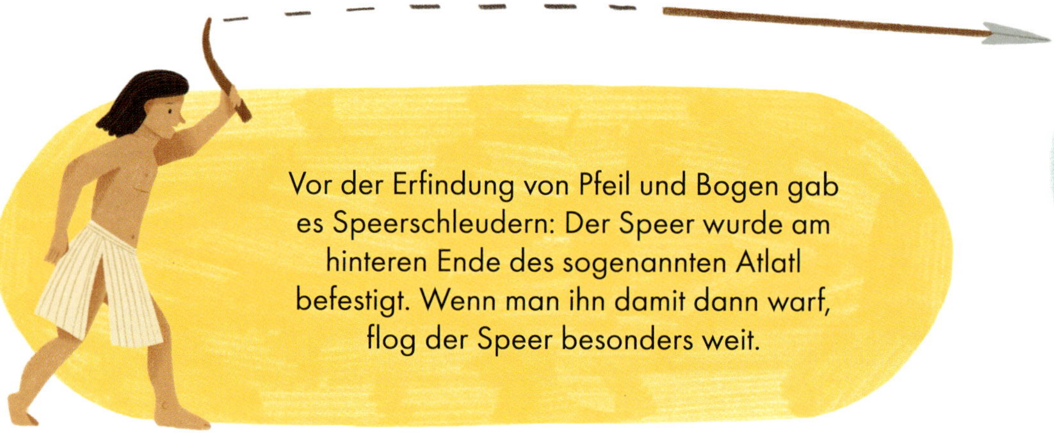

Vor der Erfindung von Pfeil und Bogen gab es Speerschleudern: Der Speer wurde am hinteren Ende des sogenannten Atlatl befestigt. Wenn man ihn damit dann warf, flog der Speer besonders weit.

Einige indigene Stämme bauten Holzstandbilder, sogenannte Totempfähle. Diese waren mit Tieren und Symbolen versehen, die etwas über die Menschen erzählten, die sie errichteten.

Die **Apachen** waren gute Reiter und exzellente Jäger, die ihre Gegend genau kannten. Bei anderen Stämmen und den Europäern, die nach Amerika kamen, galten sie als gefürchtete Krieger.

Pfeil und Bogen waren auf der Büffeljagd eine nützliche Waffe, da die Pfeile auf große Entfernung abgeschossen werden konnten.

Totempfahl

Ein **Traumfänger** ist ein heiliger Gegenstand, der schlechte Träume einfangen und Schlafenden gute Träume bescheren soll. Die Ojibwe stellten sie Anfang des 20. Jahrhunderts womöglich als Erste her.

Die **Dakota** lebten bis ins 17. Jahrhundert in der Gegend des Oberen Sees. Sie fertigten mit natürlich gefärbten Stacheln von Baumstachlern schöne Perlenstickereien an.

Seit Anfang des 17. Jahrhunderts waren **Tipis** ein typisches Zuhause für die Stämme der Prärie.

Viele Stämme lebten in der Prärie, so nennt man das Grasland zwischen den Rocky Mountains und dem Mississippi. Dort konnten sie jagen und Ackerbau betreiben.

Bei der berühmten Schlacht am Little Bighorn 1876 bekämpften sich die US-Armee und die Lakota. Ihr Stammeshäuptling, Sitting Bull, führte 3000 Männer zum Sieg gegen die US-Kavallerie.

GESCHICHTE

Antikes Griechenland

Die alten Griechen lebten vor rund 3000 Jahren im heutigen Griechenland und auf den griechischen Inseln. Sie reisten viel umher und eroberten Landstriche wie Italien, Sizilien und Nordafrika.

Das antike Theater von Epidaurus auf der Peloponnes in Griechenland

Die Griechen schrieben viele Theaterstücke, die im Freien in den Amphitheatern aufgeführt wurden. Meistens waren es Komödien oder Tragödien mit Geschichten aus der griechischen Mythologie und Religion.

Gesetze

Das antike Griechenland wurde nicht von einem König oder einer Königin regiert, sondern es war in Stadtstaaten unterteilt. Jeder Staat regierte sich selbst und hatte seine eigenen Gesetze und Soldaten. Die Griechen gründeten die erste Demokratie. Das bedeutet, dass über neue Gesetze erst abgestimmt werden muss, bevor sie wirksam werden.

Der Trojanische Krieg

In der griechischen Mythologie gab es einen Krieg zwischen der Stadt Troja und den griechischen Inseln. Nach zehn Jahren Krieg hatten die Griechen eine Idee, wie sie Troja angreifen könnten. Sie schenkten der Stadt als Friedensgabe ein großes Pferd aus Holz, in dem sich aber Soldaten versteckten. Als die Trojaner ihr Geschenk in die Stadt gezogen hatten, sprangen die Soldaten heraus und griffen sie an.

Götter und Göttinnen

Die Griechen glaubten, dass eine Familie von zwölf Göttern und Göttinnen mit verschiedenen Kräften in einem Himmelspalast namens Olymp lebe.

Zeus
König der Götter und Gott des Himmels, Donners und Blitzes.

Hera
Königin der Götter und Göttin der Frauen, Ehe und Familie.

Die Griechen bauten für ihre Götter und Göttinnen Tempel. Der **Parthenon** in Athen wurde zu Ehren der Göttin Athene errichtet. Sie war die Göttin der Weisheit, des Handwerks und des Krieges.

Griechische Töpfereien waren häufig mit Motiven aus Mythologie, Religion und Literatur bemalt.

Die Olympischen Spiele

Die ersten Olympischen Spiele fanden vor über 2700 Jahren in Olympia in Griechenland statt. Sie wurden zu Ehren von Zeus ausgetragen. Männer traten in Laufwettbewerben, Speer- und Diskuswurf oder Wagenrennen gegeneinander an.

Die Heraia

Unverheiratete Frauen wetteiferten beim Sportfest der Heraia miteinander. Der Laufwettbewerb wurde vor den Wettbewerben der Männer im selben Stadion wie die Olympiade ausgetragen, jedoch zu Ehren der Göttin Hera.

Die Römer

Vor 2000 Jahren herrschten die Römer über große Teile des heutigen Europas. Sie stammten eigentlich aus Rom in Italien, die Männer der römischen Truppen kamen aber aus der ganzen Welt. Ihr Herrschaftsgebiet nannte man das Römische Reich.

Die Römer wuschen Schmutz mit Urin (Pipi) aus ihrer Kleidung und spülten sie dann mit Wasser aus.

Die wenigsten Römer hatten zu Hause ein Bad, darum gab es große **öffentliche Bäder.** Das waren Orte, wo man sich nicht nur wusch, sondern sich auch mit Freunden traf.

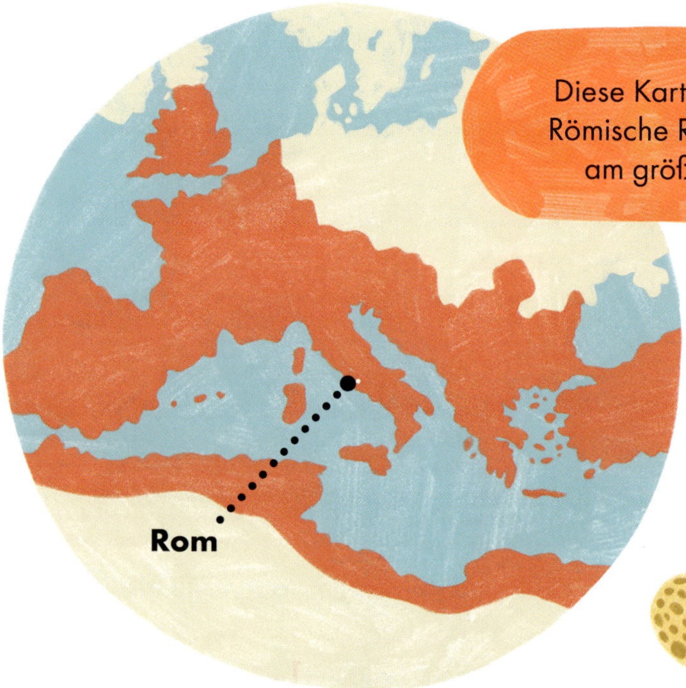

Diese Karte zeigt das Römische Reich, als es am größten war.

Die Römer hatten **Gemeinschafts-toiletten.** Ähnlich wie bei modernen Toiletten wurden die Hinterlassenschaften in Abwasserkanälen fortgespült. Anstelle von Toilettenpapier benutzte man einen Schwamm, der an einem Stock befestigt war.

Erfindungen

Die Römer erfanden viele Dinge, die wir heute noch nutzen. Sie bauten lange, gerade Straßen, sodass die Truppen rasch herumreisen konnten. Sie mussten in ihren schweren Rüstungen nämlich oft lange Strecken zurücklegen, und das geht auf geraden Straßen einfacher. In Ländern des ehemaligen Römischen Reiches wirst du noch immer **Römerstraßen** finden.

Zu Zeiten des Römischen Reiches vergnügte man sich ganz anders als heute. In Freilichttheatern, sogenannten **Amphitheatern,** sahen die Römer anderen Menschen und Tieren beim Kämpfen zu. Diese Kämpfer nannte man Gladiatoren. Beliebt waren auch **Wagenrennen,** die auf großen Rennstrecken stattfanden.

Der **Gladiator** hatte eine sehr gefährliche Arbeit. Darum zwang man Sklaven dazu. Sie mussten gegen andere Gladiatoren, Verbrecher oder sogar wilde Tiere kämpfen.

Das **Kolosseum** in Rom ist ein antikes römisches Amphitheater, das du noch heute besichtigen kannst.

Die Römer erfanden die Technik des **Glasblasens,** wodurch sich Glaswaren viel einfacher und schneller als zuvor herstellen ließen.

Sie bauten Brücken, um Wasser in die Städte zu leiten, sogenannte **Aquädukte.**

Altes China

China ist eine sehr alte Zivilisation. Vor über 3500 Jahren herrschte dort die Shang-Dynastie, die fünf Jahrhunderte an der Macht blieb. Ihre Herrschaft endete, als König Di Xin in einer Schlacht geschlagen wurde.

Die **Terrakotta-Armee** besteht aus 8000 lebensgroßen Figuren, die das Grab des ersten chinesischen Kaisers bewachen. Sie wurde vor 2000 Jahren aus Lehm geschaffen.

Die chinesische Zivilisation begann mit dem Bau vieler Städte in der Nähe des Gelben Flusses. Der Fluss war von zentraler Bedeutung, da er das Land fruchtbar machte.

Jade ist ein wertvoller Stein, aus dem Schmuck und Ziergegenstände hergestellt wurden.

Die Shang-Dynastie hatte ein mächtiges Heer. **Fu Hao** war die einzige Frau an der Spitze des Heeres dieser Dynastie. Sie war mit König Wu Ding verheiratet und führte nicht nur das Heer im Kampf an, sondern sie war auch Priesterin und hielt religiöse Zeremonien ab.

Viele unserer heutigen Alltagsgegenstände wurden in China erfunden.

Die Chinesen erfanden die Herstellung von **Seide** aus den Spinnfäden von Seidenraupen.

Vor 2000 Jahren wurde zum ersten Mal **Papier** aus gepressten Pflanzenfasern gewonnen.

Die ersten **Drucke** machte man, indem man Holzblöcke mit Farbe tränkte und sie auf Papier presste.

Die Chinesische Mauer

Vor rund 2800 Jahren wurde mit den Arbeiten an einer langen Mauer begonnen, die das Land vor Angreifern aus dem Norden schützen sollte. Die einstige Gesamtlänge aller Mauerteilstücke wird auf 21 196 Kilometer geschätzt, heute stehen nur noch einige Überreste davon. Die Mauer war begehbar und somit nicht nur ein schützender Wall, sondern auch eine Verbindung zu anderen Städten.

Die Chinesische Mauer ist das längste Bauwerk, das je errichtet wurde.

Die in den **Signaltürmen** stationierten Soldaten feuerten eine Kanone ab und entzündeten ein Feuer, um vor einem Angriff zu warnen. Auf dem nächstgelegenen Turm sah und hörte man das, machte dann das Gleiche und gab so die Nachricht zum nächsten Turm weiter. Dies ging viel schneller als mit einem Boten.

Einer Legende nach entdeckte der chinesische Kaiser Shen Nong im Jahr 2737 v. Chr. den **Tee.**

Schießpulver wurde schon vor 1100 Jahren für Feuerwerke benutzt.

Der **Kompass** wurde im 2. Jahrhundert erfunden. Er wies Seeleuten auf dem offenen Meer den Weg.

Die Wikinger

Die Wikinger stammen aus dem heutigen Dänemark, Norwegen und Schweden. Sie segelten ab Ende des 8. bis ins 10. Jahrhundert über die Meere. Sie waren bekannt für den Bau schneller Schiffe und für ihre Reisen durch Skandinavien und das restliche Europa.

Ein viereckiges Segel unterstützte die Ruderer auf ihren langen Reisen.

Wikingerschiffe nannte man **Langschiffe,** da sie 14–23 Meter lang sein konnten.

Das Schiff wurde mithilfe von Rudern fortbewegt, die aus Löchern an der Schiffsseite herausragten.

Die Schiffe waren sehr flach, sodass man damit nah ans Ufer segeln konnte.

Wikinger-Krieger

Langschiffe wurden häufig als Kriegsschiffe genutzt. Da es an Bord kein Unterdeck und damit keinen Schutz gab, gingen die Wikinger meistens im Frühling oder Sommer auf Reisen. Die Ruderer ernährten sich an Bord von getrocknetem oder in Salz eingelegtem Fleisch oder Fisch.

Alltag

Die meisten Wikinger waren Bauern oder Fischer. Bei den Wikingern waren Männer und Frauen gleichberechtigter, als zu dieser Zeit anderswo üblich. Die Frauen bewirtschafteten den Hof der Familie und übernahmen oft die Geschäfte, wenn ihre Männer auf See oder bereits verstorben waren.

Aus Holz geschnitzte **Galionsfiguren** verzierten den vorderen Teil des Schiffes. Drachen oder andere angsteinflößende Tiere sollten Feinde erschrecken.

Wikinger verehrten viele **Götter und Göttinnen.** Sie glaubten, dass diese in einem Königreich im Himmel lebten. Wer im Kampf umkam, würde von Kriegerinnen, den Walküren, zu diesem Königreich gebracht.

Häuser

Häuser waren aus Holz, Stein oder Lehm gebaut. Wenn es im Winter richtig kalt wurde, lebten sogar die Tiere mit im Haus. Um die Wärme zu halten, gab es keine Fenster, außerdem wurde Feuer gemacht.

Langschiffe hatten vorne und hinten die gleiche Form. So konnten sie schnell den Kurs wechseln, ohne drehen zu müssen.

Wikingerschiffe waren stabil und belastbar und man konnte damit monatelang auf rauer See reisen. Es gibt Hinweise darauf, dass die Wikinger damit sogar bis nach Nordamerika fuhren.

GESCHICHTE

Maya, Inka und Azteken

Die Maya, Inka und Azteken waren Zivilisationen in Amerika. Auch wenn sie an verschiedene Götter glaubten und unterschiedliche Herrscher hatten, weisen sie Gemeinsamkeiten auf.

Maya

Diese Hochkultur entwickelte sich vor ungefähr 3500 Jahren. Die Maya lebten in Mesoamerika, das war eine Region im heutigen Mexiko und Zentralamerika.

Es gab viele Städte und alle hatten ihren eigenen König oder ihre eigene Königin. In den Städten gab es Paläste, Steintempel, Märkte und sogar Ballspielplätze.

Religion war den Maya sehr wichtig. Sie ehrten ihre Götter mit Tier- und manchmal auch mit Menschenopfern.

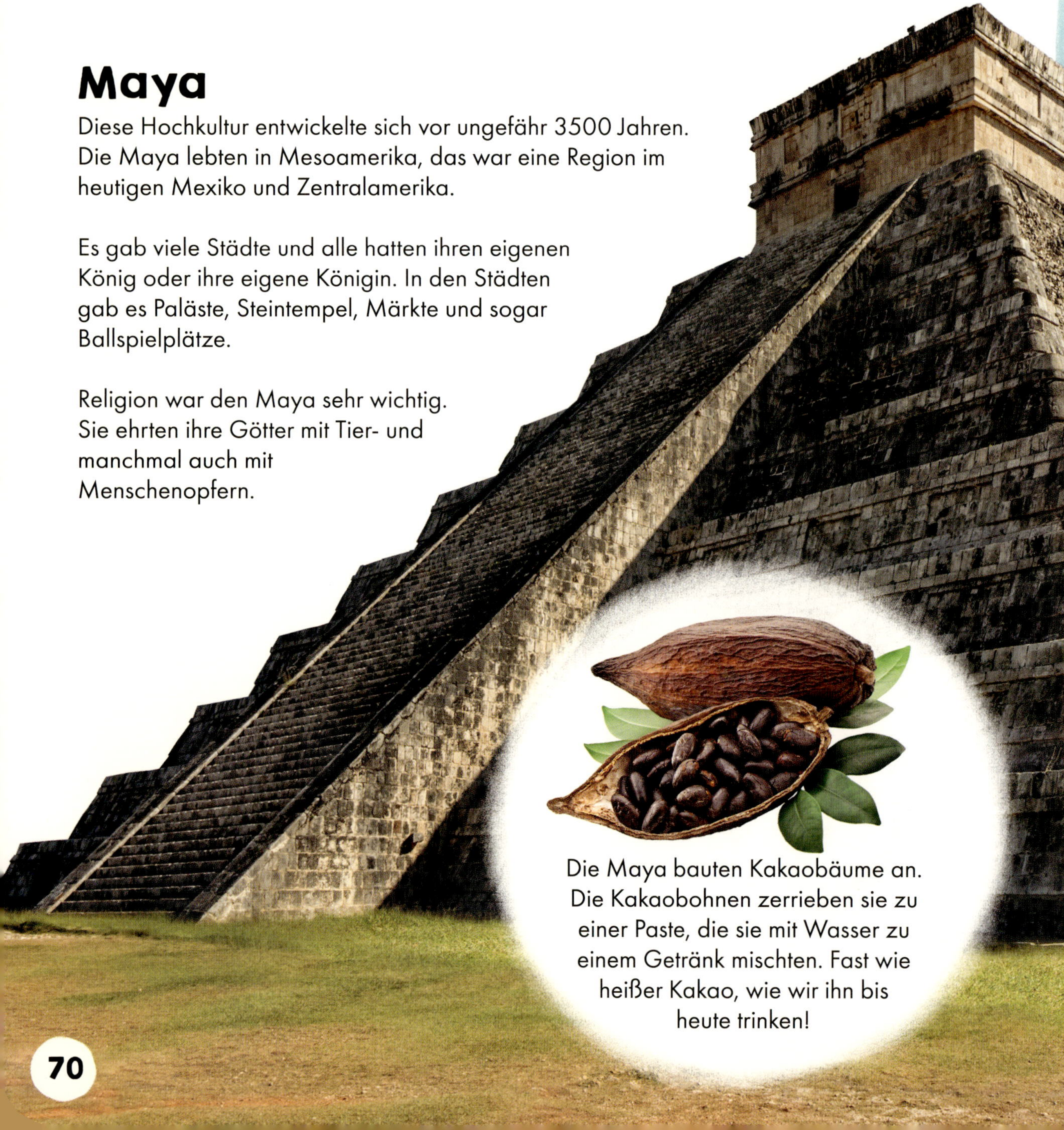

Die Maya bauten Kakaobäume an. Die Kakaobohnen zerrieben sie zu einer Paste, die sie mit Wasser zu einem Getränk mischten. Fast wie heißer Kakao, wie wir ihn bis heute trinken!

Die Maya gestalteten ihre Kleidung sehr bunt mit natürlichen Farben und Stickereien.

Inka

Diese Hochkultur begann vor 900 Jahren. Die Inka lebten an der Westküste Südamerikas im Gebirge der Anden und deren Umgebung.

Herrscher der Inka war der Sapa Inka. Die Inka glaubten, dass ihre Gesetze von Göttern gemacht wurden, die sie dann dem Sapa Inka mitteilten.

Machu Picchu ist eine antike Stadt der Inka. Die Ruinen sind heute noch zu besichtigen.

Die Inka glaubten, dass Gold der Schweiß der Sonne sei. Sie stellten viele Dinge aus diesem Edelmetall her.

Goldene Lamafigur

Lamas waren sehr wichtig, da mit ihnen schwere Lasten transportiert wurden.

Azteken

Das Aztekenreich hatte vor ungefähr 700 Jahren seine Blütezeit. Die Azteken pflegten einen ähnlichen Glauben wie die Maya. Sie hatten Tempel, in denen sie zu ihren Göttern beten und ihnen Opfer darbringen konnten.
Die Azteken machten Vorratsgefäße und Geschirr aus Ton und verzierten sie mit Mustern und Bildnissen ihrer Götter.

Die verehrten Götter verraten uns viel über die Lebensweise der Azteken.

Tlaloc war der Regengott und sehr bedeutend für die aztekischen Bauern.

Chicomecoatl war die Göttin des Maises, den die Azteken zermahlten und daraus Brotfladen, die Tortillas, backten.

Tonatiuh war der Sonnen- und Kriegsgott. Die Azteken waren mächtige Krieger.

Als die Spanier 1532 in Amerika eintrafen, töteten sie viele Maya, Inka und Azteken. Die Reiche dieser Völker wurden alle vernichtet, doch einige Traditionen und Sprachen werden von den Menschen in Zentral- und Südamerika bis heute fortgeführt.

Bedeutende Persönlichkeiten

Die Geschichte kennt viele Menschen, die überall auf der Welt für eine gute Sache eingestanden sind und ihre Ideale verteidigt haben.

Emmeline Pankhurst

Geboren 1858 in England
Pankhurst hatte eine führende Rolle in der britischen Frauenbewegung, den sogenannten Suffragetten, die sich für die Rechte von Frauen einsetzten, bis sie sich schließlich das Wahlrecht eroberten.

Marie Curie

Geboren 1867 in Polen
Diese Wissenschaftlerin entdeckte zwei neue Elemente und betrieb erste Forschungen zur Strahlentherapie bei Krebserkrankungen. Sie gewann als erste Frau den Nobelpreis und als erste Person überhaupt sogar zwei.

Mahatma Gandhi

Geboren 1869 in Indien
Der Anwalt Gandhi protestierte gegen die britische Kolonialherrschaft über Indien. Dafür musste er mehrmals ins Gefängnis. 1947 wurde Indien zu einem unabhängigen Land erklärt.

Malala Yousafzai

Geboren 1997 in Pakistan
Yousafzai setzte sich öffentlich dafür ein, dass Mädchen zur Schule gehen dürfen. Nachdem sie bei einem Attentat niedergeschossen wurde und überlebte, zog sie nach Großbritannien und kämpfte weiter für Frauenrechte. Mit 17 Jahren wurde sie als jüngste Person mit dem Friedensnobelpreis ausgezeichnet.

Wangari Maathai

Geboren 1940 in Kenia
Maathai war die erste Universitätsprofessorin Kenias. Sie gründete eine Umweltschutzorganisation und erhielt als erste afrikanische Frau den Friedensnobelpreis.

Sylvia Rivera

Geboren 1951 in den USA
Sie spielte seit Beginn der Schwulen- und Lesbenbewegung eine wichtige Rolle: Sie setzte sich für Transgender- und Homosexuellenrechte ein und gründete ein Heim für obdachlose junge Menschen.

Nelson Mandela

Geboren 1918 in Südafrika
Mandela war ein Anwalt, der sich gegen Rassismus aussprach und dafür mehrmals ins Gefängnis kam. Nach seiner Freilassung führte er seinen Protest fort und wurde 1994 zum ersten schwarzen Präsidenten von Südafrika gewählt.

Greta Thunberg

Geboren 2003 in Schweden
Thunberg ist eine Umweltaktivistin, die die Schulstreiks für den Klimaschutz ins Leben gerufen hat. Sie möchte Menschen, Firmen und Regierungen weiterhin dazu bewegen, unseren Planeten besser zu schützen.

Martin Luther King Jr.

Geboren 1929 in den USA
King war Pastor und Hauptfigur der amerikanischen Bürgerrechtsbewegung. 1968 wurde er ermordet. Seine Reden und sein Einsatz trugen dazu bei, die Rassentrennung in Amerika zu beenden.

NATURWISSEN-SCHAFTEN UND TECHNIK

Klang

Wenn ein Objekt die Luft, das Wasser oder ein Material um sich herum vibrieren lässt, erzeugt es ein Geräusch. Wenn das Geräusch sehr laut ist, kannst du diese Schwingungen manchmal spüren.

Die **Tonhöhe** zeigt an, wie hoch oder tief ein Ton ist. Wenn etwas sehr schnell schwingt, beispielsweise ein Becken oder eine Pfeife, wird ein hoher Ton erzeugt. Ein tiefer Ton erklingt, wenn etwas langsam vibriert, zum Beispiel eine Basstrommel.

Wie hören wir?

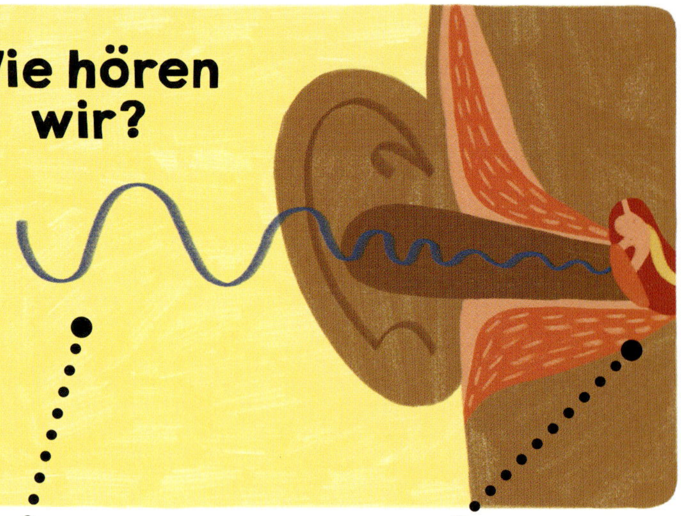

Wenn ein Objekt schwingt, sendet es Schallwellen durch die Luft in dein Ohr.

Wenn die Schallwellen auf das Trommelfell treffen, schwingt es. Das Innenohr hinter dem Trommelfell sendet Informationen über Tonhöhe und Lautstärke ans Gehirn.

Im Weltall ist es vollkommen still, denn es gibt ja keine Luft, durch die sich die Schwingungen fortbewegen könnten.

Die Lautstärke hängt davon ab, wie stark die Schallwellen schwingen und wie weit entfernt der Ton ist. Ein leichtes Türklopfen klingt leise, während ein starkes Klopfen an der Tür ein lautes Geräusch macht. Je weiter du von der Tür weg bist, desto leiser hört es sich für dich an, da die Schallwellen sich ausbreiten und im Raum verteilen.

Licht

Wir brauchen Licht, um sehen zu können. Wenn Licht ins Auge fällt, entsteht ein Bild auf der Netzhaut auf der Rückseite des Auges. Diese Signale werden ans Gehirn gesendet.

Wie sehen wir Licht?

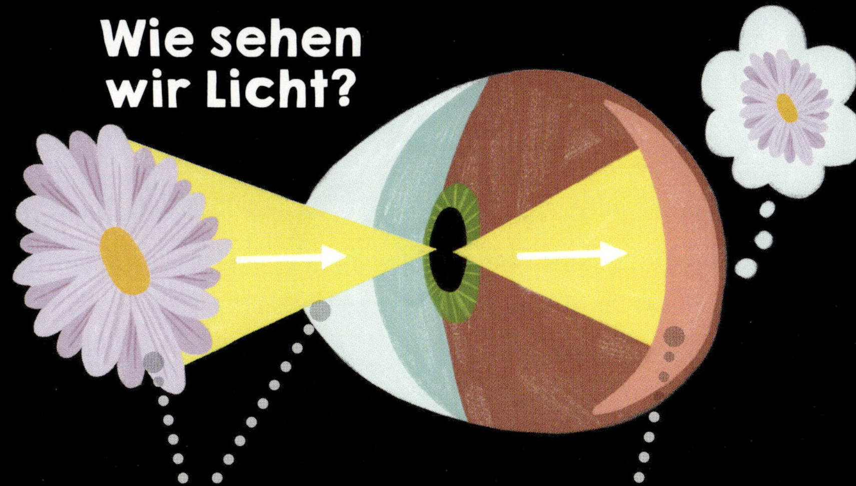

Weißes Licht besteht aus sieben Farben: Rot, Orange, Gelb, Grün, Blau, Indigo und Violett. Scheint weißes Licht durch ein Prisma, wird es in die verschiedenfarbigen Wellenlängen zerlegt. Ein Regenbogen entsteht, wenn Sonnenlicht durch einen Wassertropfen scheint und dabei wie bei einem Prisma in die verschiedenen Farben aufgeteilt wird.

Wenn Licht auf einen Gegenstand fällt, wird ein Teil des Lichts absorbiert und ein Teil von der Oberfläche des Gegenstands zurückgeworfen. Das nennt man **Reflexion.** Glattere Oberflächen wie Spiegel reflektieren das Licht besser als raue Oberflächen.

Im Universum ist nichts schneller als das Licht. Es legt 299 792 Kilometer pro Sekunde zurück! Ein Geräusch ist 500-mal langsamer als Licht. Darum sehen wir ein Feuerwerk, bevor wir es hören.

Kräfte

Kräfte können Dinge bewegen oder Geschwindigkeiten verändern. Je größer die Kraft ist, die auf einen Gegenstand wirkt, desto stärker ist die Auswirkung auf die Geschwindigkeit. Bei gleichbleibender Kraft kann ein leichter Gegenstand schneller seine Geschwindigkeit ändern als ein schwerer.

Kräfte werden in Newton gemessen. Die Maßeinheit wurde nach dem Wissenschaftler Isaac Newton benannt, dem Entdecker der Schwerkraft.

Schieben

Wenn etwas geschoben wird, bewegt es sich aufgrund eines Drucks von hinten.

Ziehen

Wenn etwas gezogen wird, bewegt es sich wegen der Zugkraft, die vorne ansetzt.

Drehen

Wenn etwas gedreht wird, rotiert es wie ein Rad an einem Auto.

Wenn zwei Kräfte Druck auf etwas ausüben, entsteht entweder ein Kräftegleichgewicht oder ein Ungleichgewicht.

Ein Kräftegleichgewicht herrscht, wenn einer Kraft eine gleich große Gegenkraft entgegenwirkt. Dann entsteht keine Bewegung. Wenn wir auf dem Boden stehen, zieht uns die Erdanziehungskraft nach unten, aber der Aufwärtsdruck des Bodens sorgt dafür, dass wir nicht in die Tiefe sinken.

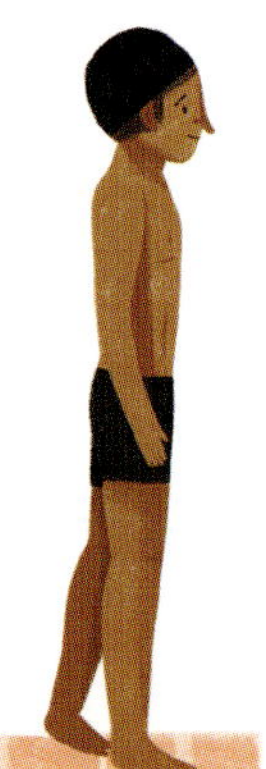

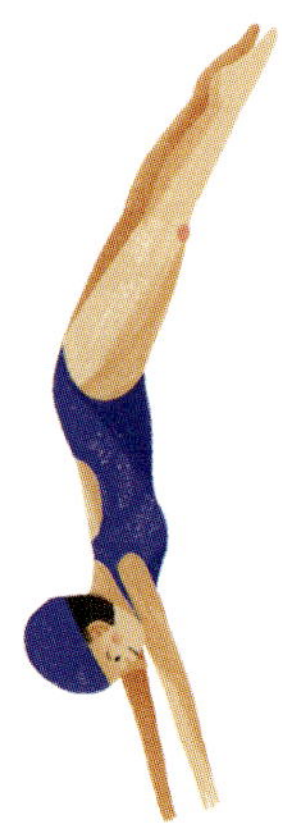

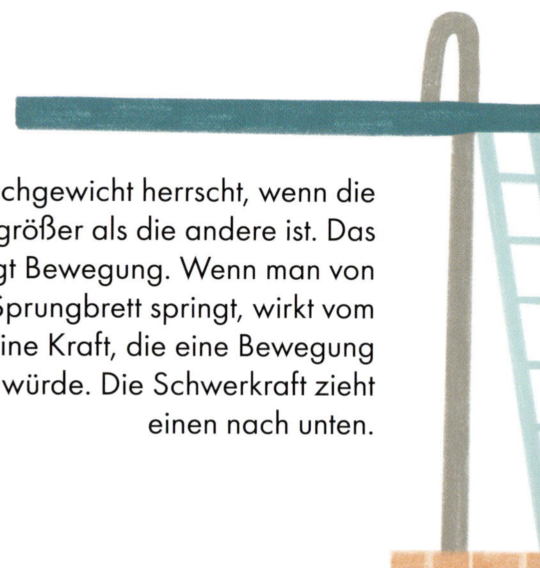

Ein Ungleichgewicht herrscht, wenn die eine Kraft größer als die andere ist. Das erzeugt Bewegung. Wenn man von einem Sprungbrett springt, wirkt vom Boden keine Kraft, die eine Bewegung verhindern würde. Die Schwerkraft zieht einen nach unten.

Magnete

Ein Magnet ist ein Metall oder Stein, der bestimmte Metalle, meistens Eisen, anzieht oder abstößt. Diese unsichtbare Kraft nennt man Magnetismus. Je stärker der Magnet ist, desto größer ist die Anziehungs- oder Abstoßungskraft.

Die zwei Enden eines Magnets nennt man Pole. Jeder Magnet hat einen Nordpol und einen Südpol.

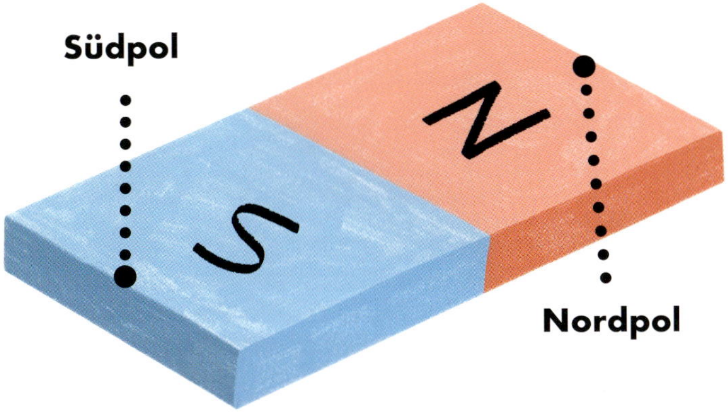

Wenn man zwei Magnete mit den zwei entgegengesetzten Polen zusammenführt, ziehen sie sich an und bewegen sich aufeinander zu.

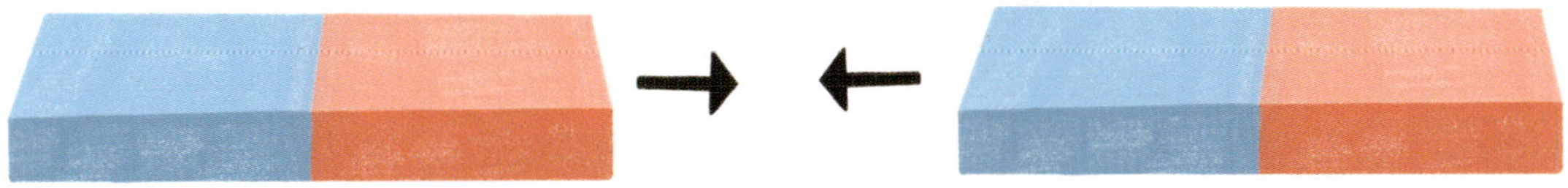

Wenn man die gleichen Pole aneinanderhält, stoßen sie sich ab und bewegen sich voneinander weg.

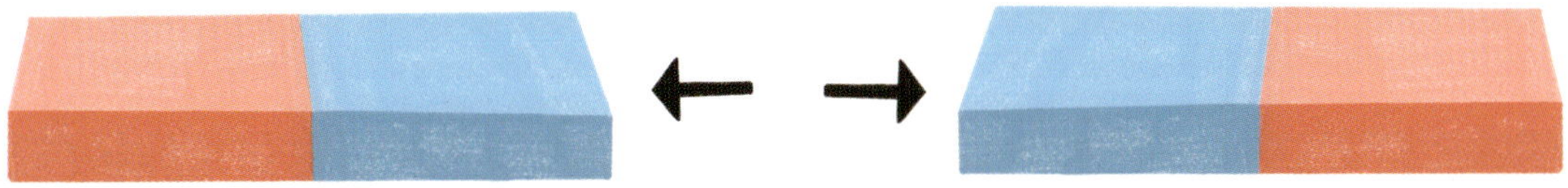

Viele Alltagsgegenstände sind magnetisch.

Magnete halten Kühlschranktüren dicht geschlossen.

An Kühlschranktüren bleiben Magnete gut haften, weil die Oberfläche meist aus Edelstahl ist.

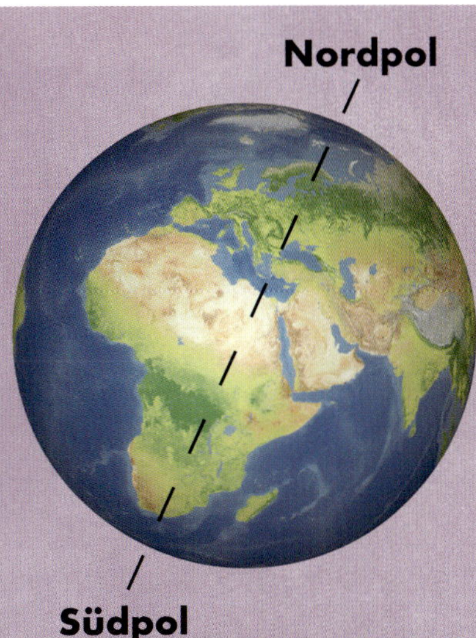

Die Erde ist ein großer Magnet. Ihre Magnetpole liegen im Umkreis des geografischen Nord- und Südpols der Erde. Darum richten sich frei bewegliche Magnete immer in Nord-Süd-Richtung aus.

Eine Kompassnadel ist magnetisch und wird so angezogen, dass die Spitze immer in Richtung Nordpol zeigt.

Feststoffe, Flüssigkeiten und Gase

Als Materie bezeichnet man alles, was Raum einnimmt. Somit bestehen alle Dinge auf unserer Welt aus Materie. Man unterscheidet dabei nach ihrem Zustand: Es gibt feste, flüssige oder gasförmige Materie.

Die Zustandsform einer Materie kann sich durch Erhitzen oder Abkühlen verändern. Der Zustand von Wasser beispielsweise hängt von der Temperatur ab. An sich ist es flüssig. Wenn es sehr kalt ist, gefriert es zu Eis, wird also fest. Durch Kochen verdampft es, wird also gasförmig.

Feststoff

Ein Feststoff ist etwas, das seine Form behält, wie ein Eiswürfel oder eine Eiswürfelschale. Feststoffe haben immer das gleiche Volumen: Auch zerkleinert nehmen sie gleich viel Raum ein.

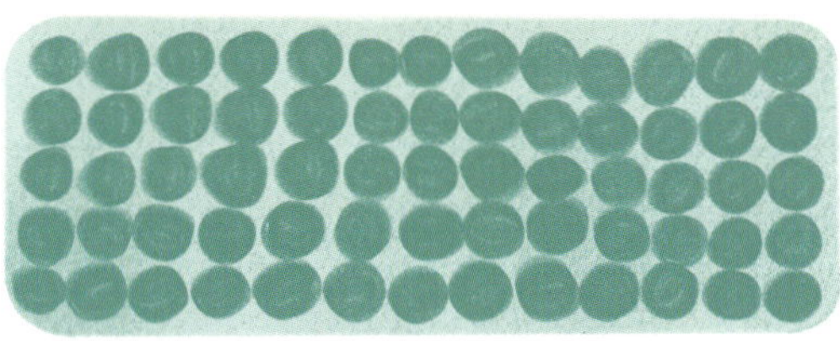

Die Partikel in einem Feststoff liegen ganz eng beieinander, sodass er seine Form immer beibehält.

→

Flüssigkeit

Eine Flüssigkeit wie Wasser oder Orangensaft ist etwas, das fließt. Sie passt ihre Form dem Behälter an, in dem sie ist. Aber genau wie feste Materie beansprucht sie immer gleich viel Raum.

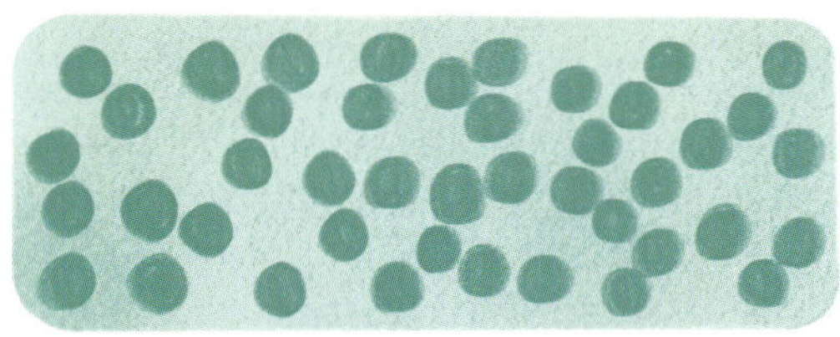

Die einzelnen Partikel in einer Flüssigkeit sind weniger dicht beieinander, sodass sie sich bewegen und fließen kann.

→

Gas

Gas behält weder seine Form noch sein Volumen. Gase verteilen sich überall im Raum, in dem sie sich befinden, und sind meist nicht sichtbar. Bekannte Gase sind Sauerstoff und Wasserdampf.

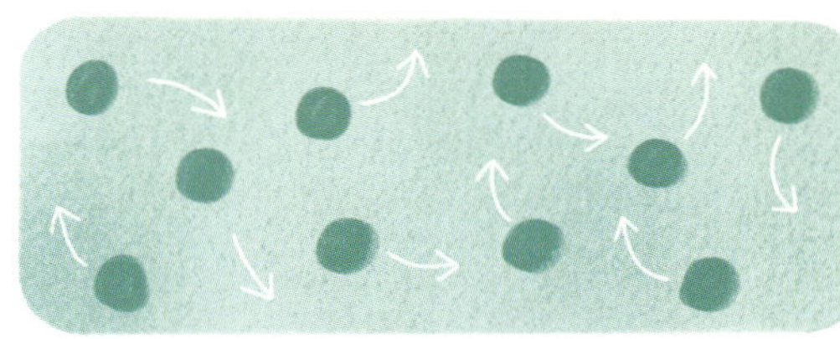

Die Partikel in einem Gas sind nicht miteinander verbunden und verteilen sich daher im gesamten Raum.

Elektrische Energie

Wir benötigen Energie, um Veränderungen in unserem Umfeld zu erzeugen. Energie kann nicht geschaffen werden, sie kann nur in eine andere Form von Energie überführt werden. Verbrennt man beispielsweise Kohle, wird die chemische Energie in der Kohle in Wärmeenergie umgewandelt, womit wir dann unsere Wohnungen heizen.

Elektrische Energie ist eine der nützlichsten Formen von Energie. Wir benötigen sie für den Betrieb aller möglichen Dinge, wie beispielsweise Lampen, Computer und sogar Autos.

Kraftwerke verfügen über Maschinen, die Bewegungsenergie oder Wärmeenergie in elektrische Energie, den Strom, umwandeln. Über Metallkabel leiten die Kraftwerke den Strom weiter.

Leiter

Einige Materialien leiten elektrischen Strom besonders gut, zum Beispiel Metalle. In elektrischen Geräten sind darum Metalldrähte, die den Strom an die gewünschte Stelle leiten.

Isolatoren

Materialien, die elektrischen Strom nicht weiterleiten, nennt man Isolatoren. Elektrogeräte haben meistens eine Kunststoffhülle um die Drähte, damit die elektrische Energie nicht irgendwohin wandert, wo wir sie nicht haben möchten.

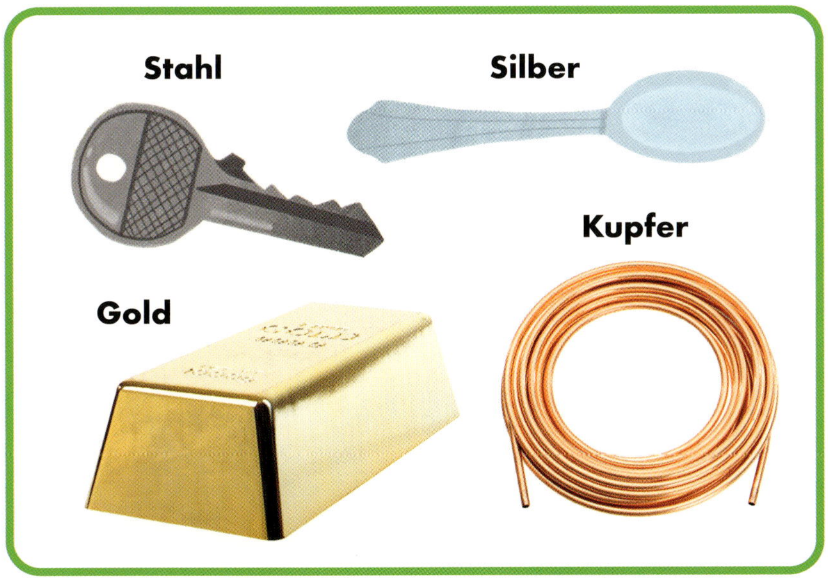

NATURWISSEN-
SCHAFTEN UND
TECHNIK

Fossile Brennstoffe

Fossile Brennstoffe brauchen zum Nachwachsen Millionen Jahre, darum nennt man sie auch nicht erneuerbare Energien. Fossile Brennstoffe sind beispielsweise Kohle, Erdgas und Erdöl.

Wenn fossile Brennstoffe verbrannt werden, um sie in Energie umzuwandeln, dann ist das schlecht für die Umwelt, weil dadurch Kohlendioxid ausgestoßen wird.

Fossile Brennstoffe entstehen, wenn Pflanzen absterben und unter Sedimentschichten begraben werden. Im Laufe von Jahrmillionen verwandeln das auf ihnen lastende Gewicht und die Hitze aus dem Erdinneren die Pflanzen in fossile Brennstoffe.

Kohle wird meist unter der Erdoberfläche in besonderen Schichten, den Flözen, gefunden. Kohle ist der umweltschädlichste Brennstoff, da sie von allen Energieträgern am meisten Kohlendioxid pro Energieeinheit freisetzt.

Erdöl ist eine stinkende, gelbe oder schwarze Flüssigkeit, die aus dem Erdinneren, auch unter dem Meeresboden, gefördert wird. Mit riesigen Bohrern wird nach dem Öl gesucht, um es dann aus den Tiefen emporzupumpen.

Erdgas kommt häufig am gleichen Ort wie Erdöl in unterirdischen Lagerstätten vor. Man nutzt es zum Heizen und Kochen.

Erneuerbare Energien

Erneuerbare Energien stammen von Quellen, die nicht zur Neige gehen können. Am bekanntesten sind Solarenergie (Sonne), Wasserkraft und Windenergie. Erneuerbare Energien fügen der Atmosphäre kein schädliches Kohlendioxid hinzu.

Solarkraft nennt man den Vorgang, wenn Energie von der Sonne in Strom umgewandelt wird. Solarpaneele sind große, glänzende Platten, die Sonnenlicht einfangen und in Elektrizität umwandeln, also in Strom. Je stärker die Sonneneinstrahlung, desto mehr Strom wird erzeugt.

Windkraftanlage

Windkraft entsteht, wenn der Wind riesige Windräder dreht, die an Generatoren angeschlossen sind und so Strom erzeugen. Windkraft ist nicht so verlässlich wie Solarkraft, da Wind manchmal zu schwach oder zu stark ist.

Wasserkraft erzeugt mithilfe von Wasserbewegung Strom. Hierfür wird Wasser in einem Stausee, einem großen, künstlich angelegten See, gesammelt. Das Wasser wird durch Rohre zu Turbinen geleitet und setzt diese in Bewegung. So wird ein Generator in Gang gesetzt, der Strom erzeugt.

Umweltschutz

Bei der Verbrennung von fossilen Energieträgern wird Kohlendioxid freigesetzt, was sehr umweltschädlich ist. Bäume und Pflanzen nehmen diesen Stoff auf, darum ist es wichtig, Wälder zu schützen und neue Bäume zu pflanzen. Nur so kann das Ökosystem unseres Planeten im Gleichgewicht gehalten werden.

Klimawandel

Ein Großteil der Luftverschmutzung entsteht durch die Strom-, Transport- und Produktionsindustrie. Bei der Verbrennung fossiler Stoffe wird Kohlendioxid freigesetzt, das die Wärme von der Sonne in der Atmosphäre zurückhält und so quasi einsperrt. Das erwärmt die Erde und verändert das Klima.

Die Durchschnittstemperaturen steigen und das Wetter wird extremer.

Das Eis am Nord- und Südpol und auf hohen Bergen schmilzt.

Der Meeresspiegel steigt und Überflutungen treten häufiger auf.

Linearwirtschaft bedeutet, dass Dinge nur einmal genutzt und dann weggeworfen werden. Das schadet der Umwelt, da so mehr produziert wird, was früher oder später auf der Müllkippe landet.

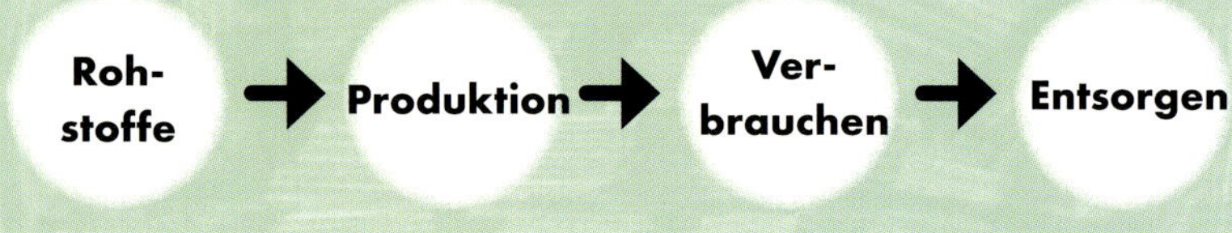

Bei der **Kreislaufwirtschaft** dagegen werden Dinge wiederverwertet. Hierunter fällt auch die Nutzung von erneuerbaren Energien wie Wind-, Wasser- oder Solarkraft und von Brennstoffen aus Pflanzen und Lebensmittelresten.

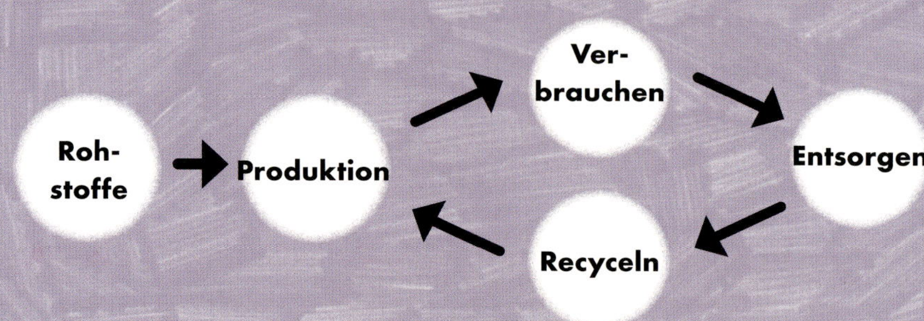

Recycling

Recycling bedeutet die Wiederverwertung von alten Dingen, das heißt, aus Abfall wird etwas Neues. Das ist sehr wichtig, denn so landet weniger Müll in unseren Meeren und auf Mülldeponien.

Eine Mülldeponie ist ein Ort, wo nichtrecycelte Abfälle in einem großen Loch vergraben werden.

1 Abfälle kommen in eine Recyclingtonne.

2 Der wiederverwertbare Müll wird gesammelt und in ein Recyclingzentrum gebracht.

3 Der Verpackungsmüll wird nach Materialart sortiert.

4 Der Müll wird zerkleinert.

5 Das Material wird gewaschen.

6 Das Material wird geschmolzen und zu etwas Neuem gemacht.

7 Ein neuer Gegenstand ist einsatzbereit.

Technik

Technik betrifft alle Lebensbereiche und verändert sich laufend, da ständig neue Dinge erfunden werden. Wir profitieren im Alltag von vielen Erfindungen, die es vor 100, vor 50 oder auch nur vor zehn Jahren noch gar nicht gab.

Die ersten Mikroskope konnten Dinge 10-fach vergrößern. Heutige Mikroskope können Objekte um das 1500-Fache vergrößern.

1590
Erfindung des Mikroskops

Alexander Graham Bell entwickelte das erste praktisch funktionierende Telefon.

1876
Erfindung des Telefons

Thomas Edison erfand die erste anhaltend funktionierende elektrische Glühbirne.

1879
Erfindung der Glühbirne

Früher zeigten Fernseher alles nur in Schwarz-Weiß. Farbfernseher verbreiteten sich seit den 1960er-Jahren.

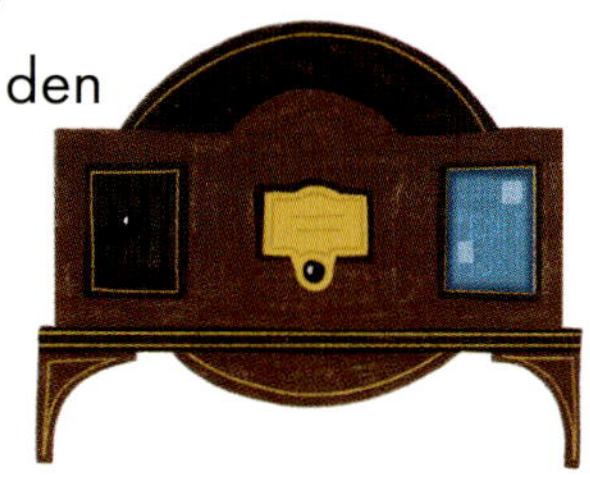

1926
Erfindung des Fernsehens

Konrad Zuse baute im Zweiten Weltkrieg den ersten funktionsfähigen Computer.

1940er-Jahre
Erfindung des Computers

1970er-Jahre
Erfindung des Internets

Der erste Handyanruf ging von einem Ingenieur bei Motorola an seinen Hauptkonkurrenten.

1970er-Jahre
Erfindung des Mobiltelefons

Der erste tragbare Computer war viel klobiger als die Geräte von heute.

1981
Erfindung des Laptops

Ein 3D-Drucker erstellte 3D-Gegenstände in Schichten aus Kunststoff, Harz oder Metall.

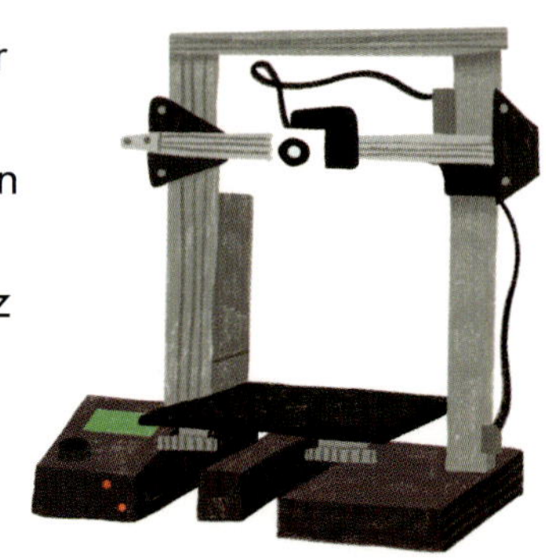

1983
Erfindung des 3D-Druckers

Sir Tim Berners-Lee begründete das World Wide Web, damit sich Wissenschaftler besser austauschen konnten.

1992
Erfindung des World Wide Web

Telefon

Wenn du in ein Telefon sprichst, wird deine Stimme in elektrische Signale umgewandelt. Diese elektrischen Impulse gehen durch die Telefonleitungen, und wenn sie die Person am anderen Ende erreichen, werden sie wieder in den Klang deiner Stimme zurückgewandelt.

Alexander Bells Telefon

Mobiltelefone sind kabellos. Sie funktionieren, indem sie Funksignale von dem einen Telefon zu einer Mobilfunkanlage senden, die das Signal zu einem anderen Telefon weiterleitet.

Fernsehen

Der Fernseher zeigt eine sehr schnelle Abfolge von vielen Bildern. Die Bilder setzen sich aus vielen winzigen Bildpunkten zusammen, die man Pixel nennt. Die Farbe von jedem Pixel besteht aus unterschiedlichen Kombinationen von drei Grundfarben in verschiedenen Helligkeitsstufen. Wenn du auf den Bildschirm siehst, verschmelzen die Pixel optisch miteinander – und das ergibt ein Bild.

Pixel

Computer

Computer arbeiten über einen Hauptprozessor (CPU), der so ähnlich wie ein Gehirn funktioniert. Wenn du dem Computer einen Befehl gibst, bearbeitet der Hauptprozessor die Anweisung und führt sie aus.

Überall auf der Welt sind Computer ans Internet angeschlossen. Das World Wide Web („weltweites Netzwerk“) ist eine riesige Sammlung von Webseiten, die auf vielen ans Internet angeschlossenen Computern verteilt ist. Andere Computer können darauf zugreifen.

Der erste funktionsfähige Computer, die „Zuse Z3“, war so groß, dass er einen ganzen Raum füllte. Er wurde benutzt, um damit Tragflächen für Militärflugzeuge zu berechnen.

Nachbau der Zuse Z3

FORT-BEWEGUNGS-MITTEL

Auf dem Bauernhof

Landwirtschaftliche Betriebe sind wichtig, denn dort wird das Essen erzeugt, das wir zum Leben brauchen. Und der Lebensmittelbedarf steigt. Um die Hofarbeit zu erleichtern und die Erträge zu steigern, werden dafür die Landmaschinen stetig weiterentwickelt.

Traktor

Die leistungsstarken Traktoren können schwere Maschinen oder Anhänger ziehen. Sie haben große Reifen mit tiefen Rillen, sodass sie sicher durch den dicksten Matsch fahren können.

Mähdrescher

Mit einem Mähdrescher wird Getreide geerntet. Das Schneidwerk vorne schneidet die Getreideähren ab. Die Maschine trennt das Korn vom Halm und sammelt das Getreide in einem Tank. Das Korn ist der Samen, der zu Mehl gemahlen werden kann.

In einigen Teilen der Welt werden Pflüge noch von Tieren oder Menschen gezogen. Meistens aber werden sie heute von Traktoren gezogen.

Pflug

Pflüge werden eingesetzt, um den Boden zu lockern und umzuwenden. Die Pflugschar zieht Furchen in den Boden, in die neue Samen gestreut werden.

Quad

Mit Quads kann man sich schnell auf dem gesamten Gelände des landwirtschaftlichen Betriebs fortbewegen. Quads haben große Reifen, sodass sie auch unebene Wege befahren können.

Gabelstapler

Gabelstapler haben Metallarme, mit denen man auf dem Hof schwere Dinge heben und bewegen kann.

Milchsammelwagen

In großen Kühl-Tanklastwagen wird die frische Milch vom Bauernhof zur Molkerei transportiert.

Allrad-Fahrzeuge

Bei diesen Fahrzeugen wird die Kraft des Motors auf alle vier Räder geleitet. Darum können sie auch sehr unebenen Boden befahren und dorthin gelangen, wohin kein normales Auto kommt.

Anhänger

Mit Anhängern, die man hinten an Traktoren oder Allrad-Fahrzeugen befestigt, kann man Ladung und Tiere transportieren.

FORT-BEWEGUNGS-MITTEL

Auf der Straße

Straßen werden gebaut, um Orte zu verbinden und das Reisen und Transportieren von Gütern zu ermöglichen. Auf Straßen fahren viele verschiedene Fahrzeugtypen.

Carl Benz erfand das erste **Automobil** und stellte es 1886 vor. Es hatte drei Räder, kein Dach und war benzinbetrieben.

Heute haben Autos meist vier Räder, ein Dach und Seitenteile, ebenso Sicherheitselemente wie Gurte und Airbags. Die meisten Wagen nutzen Benzin oder Diesel als Treibstoff, aber Elektroautos werden immer beliebter.

Elektroauto

Ladestation

Elektroautos werden mit einer aufladbaren Batterie betrieben.

Die ersten **Fahrräder** hatten weder Kette noch Pedal und die Fahrer mussten sich mit den Füßen abstoßen. Die Pedale zum Antreiben der Räder erfand man erst später. Das Hochrad war eines der ersten Räder mit Pedalen. Es hatte ein großes Rad vorne und ein viel kleineres hinten.

Hochrad

Motorräder sind Fahrzeuge mit zwei Rädern, die von einem Motor angetrieben werden.

Sportmotorrad

Mit der Erfindung der Fahrradkette veränderten sich die Fahrräder: Vorn und hinten waren die Räder nun gleich groß, genau wie heutzutage.

Rennrad

Baufahrzeuge

Diese Fahrzeuge werden auf Baustellen eingesetzt.

Frontlader

Bagger

Fahrmischer

Stadtverkehr

Diese Fahrzeuge sind zur Versorgung von Menschen in der Stadt im Einsatz.

Bus

Taxi

Müllwagen

Nutzfahrzeuge

Einige Fahrzeuge werden speziell für den Warentransport gebaut.

Lastwagen

Öltanker

Einsatzfahrzeuge

Diese Fahrzeuge werden von Einsatzkräften benutzt, um bei Notfällen schnell vor Ort zu gelangen.

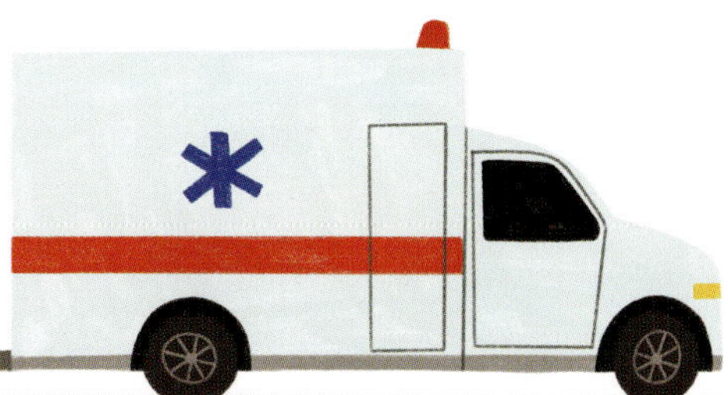

Krankenwagen

Polizeiauto

Feuerwehrauto

Auf Schienen

Schienen sind Stahlträger, auf denen bestimmte Fahrzeuge fahren können. Die Schienen halten die Fahrzeuge auf dem vorgegebenen Fahrweg.

Die Erfindung des Schienenverkehrs

Seit Mitte des 16. Jahrhunderts wurden Güter wie Kohle auf hölzernen Schienen in Waggons oder Karren befördert. Damals wurden sie von Menschen oder Pferden gezogen.

Dampflokomotive

Die Dampflok wurde 1804 in Großbritannien erfunden. Bis 1914 gab es allein in Großbritannien bereits ein 32 000 Kilometer langes Schienennetz. Zugreisen waren günstig. So konnten nun auch weniger wohlhabende Leute verreisen.

Diesellok

Bis Ende der 1960er-Jahre waren die meisten Züge auf Diesel umgestellt. Dieselloks waren schneller und günstiger als Dampfloks. Diesel wird heute noch für alle möglichen Zugtypen genutzt, auch für Frachtzüge, die Güter transportieren.

Elektrische Züge

Elektrische Personenzüge wurden im späten 19. Jahrhundert erfunden und sind heute noch im Einsatz. Die Stromzufuhr erfolgt über eine Oberleitung oder eine Stromschiene im Gleisbett.

Einschienenbahn

Eine Einschienenbahn fährt auf oder unter einem einzelnen Gleis, das an einem hohen Tragwerk angebracht ist. Einschienenbahnen gibt es oft in Freizeitparks, da sie leise sind und praktischerweise über den Park hinwegfahren. Auch einige Städte entlasten damit den Verkehr auf ihren Straßen, zum Beispiel Wuppertal mit der Schwebebahn.

Straßenbahn

Straßenbahnen werden wie Züge elektrisch betrieben und fahren auf Schienen durch die Städte. Die Schienen verlaufen neben oder auf der Straße. Straßenbahnen gibt es meist in flachen Gegenden, aber auch hügelige Städte wie San Francisco verfügen über ein Straßenbahnnetz.

Hochgeschwindigkeitszüge

Die ersten Hochgeschwindigkeitszüge gab es in Japan. Das sind elektrische Züge wie unser ICE, die extrem schnell fahren. Die Züge sind stromlinienförmig: Sie haben eine lange, abgerundete Nase, so sind sie besonders schnell.

U-Bahn

In einigen Großstädten fährt eine Untergrundbahn, womit die Menschen schnell von Ort zu Ort gelangen können. Peking in China ist Rekordhalter: Hier nutzen täglich um die 10 000 000 Menschen die U-Bahn.

FORT-
BEWEGUNGS-
MITTEL

In der Luft und auf dem Wasser

Einige Fahrzeuge sind speziell für die Luft oder das Wasser konstruiert. Die vielen verschiedenen Typen haben dabei ganz unterschiedliche Funktionen.

Ein **Heißluftballon** ist ein mit heißer Luft gefüllter Ballon, unter dem ein Passagierkorb hängt.

Hubschrauber haben oben einen großen Propeller. Dadurch können sie senkrecht starten und landen oder auch in der Luft stehen bleiben.

Hängegleiter fliegen ohne Motor. Sie haben große Flügel, mit denen man durch die Luft gleiten kann.

Schlepper sind zwar klein, können aber sehr große Schiffe ziehen.

Kreuzfahrtschiffe sind riesige Passagierschiffe. Wie richtige Hotels haben sie Restaurants und oft sogar Swimmingpools und Kinos an Bord.

Fischkutter sind Schiffe, die große Netze für den Fischfang ins Meer absenken können.

Bei **Luftkissenbooten** befindet sich an der Unterseite ein Luftkissen, auf dem das Boot über das Wasser gleitet.

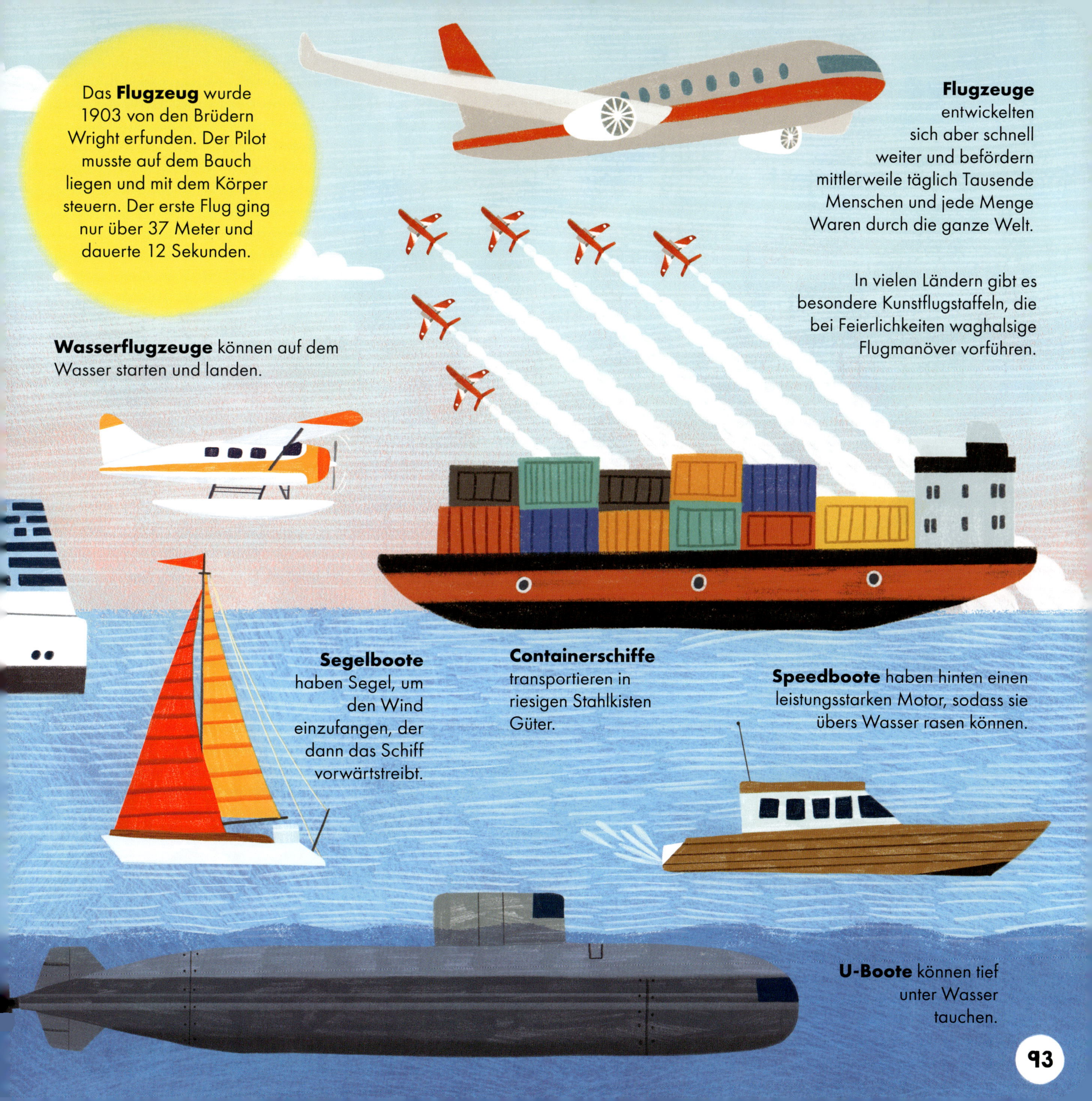

Das **Flugzeug** wurde 1903 von den Brüdern Wright erfunden. Der Pilot musste auf dem Bauch liegen und mit dem Körper steuern. Der erste Flug ging nur über 37 Meter und dauerte 12 Sekunden.

Flugzeuge entwickelten sich aber schnell weiter und befördern mittlerweile täglich Tausende Menschen und jede Menge Waren durch die ganze Welt.

In vielen Ländern gibt es besondere Kunstflugstaffeln, die bei Feierlichkeiten waghalsige Flugmanöver vorführen.

Wasserflugzeuge können auf dem Wasser starten und landen.

Segelboote haben Segel, um den Wind einzufangen, der dann das Schiff vorwärtstreibt.

Containerschiffe transportieren in riesigen Stahlkisten Güter.

Speedboote haben hinten einen leistungsstarken Motor, sodass sie übers Wasser rasen können.

U-Boote können tief unter Wasser tauchen.

Dein Körper

Menschen sehen unterschiedlich aus und sind verschieden groß, aber ihre Körper bestehen (fast) immer aus den gleichen Körperteilen.

Das Skelett

Dein Skelett besteht aus über 200 Knochen. Es schützt deine Organe, hält dich aufrecht und ermöglicht Bewegungen.

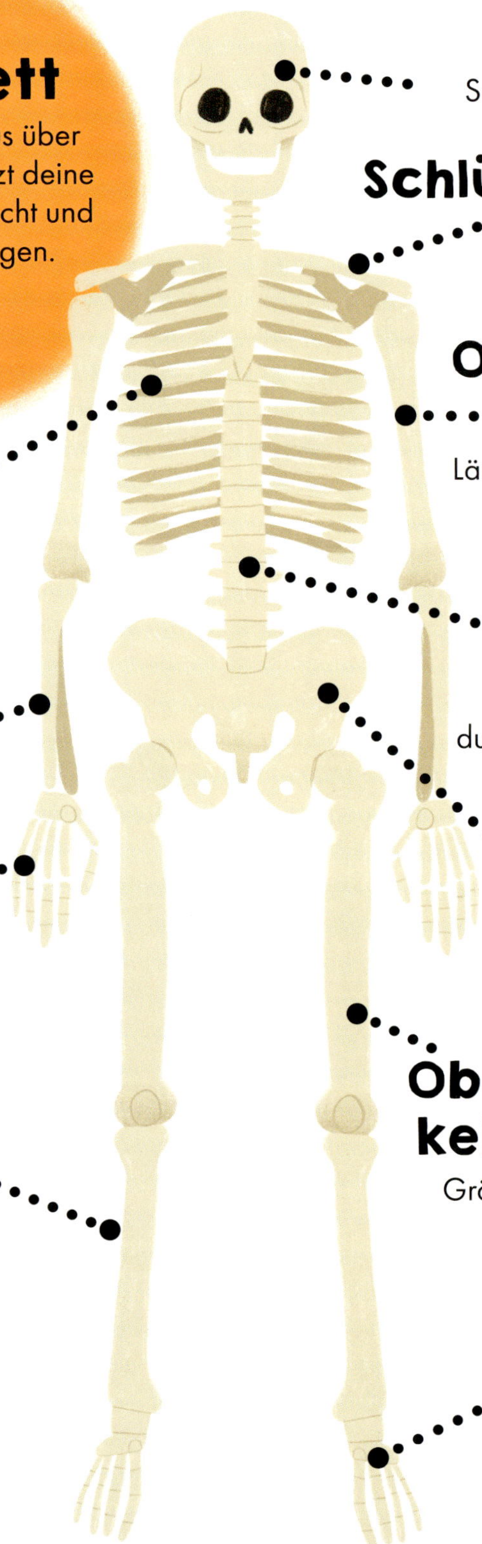

Schädel

Schützt das Gehirn.

Schlüsselbein

Ist ein Teil des Schultergürtels.

Oberarmknochen

Längster Knochen im Oberkörper.

Brustkorb

Schützt Herz, Lungen und Magen.

Wirbelsäule

Die Wirbel sind durch Bandscheiben verbunden.

Elle und Speiche

Unterarmknochen

Becken

Trägt den Oberkörper.

Hand

Eine Hand hat 27 Knochen.

Oberschenkelknochen

Größter Knochen des Körpers.

Wadenbein und Schienbein

Die Unterschenkelknochen sind miteinander verbunden.

Fuß

Der Fuß besteht aus 26 Knochen.

Muskeln

Die meisten Muskeln liegen um das Skelett herum. Du benutzt sie bei jeder Bewegung. Im menschlichen Körper gibt es über 600 Muskeln.

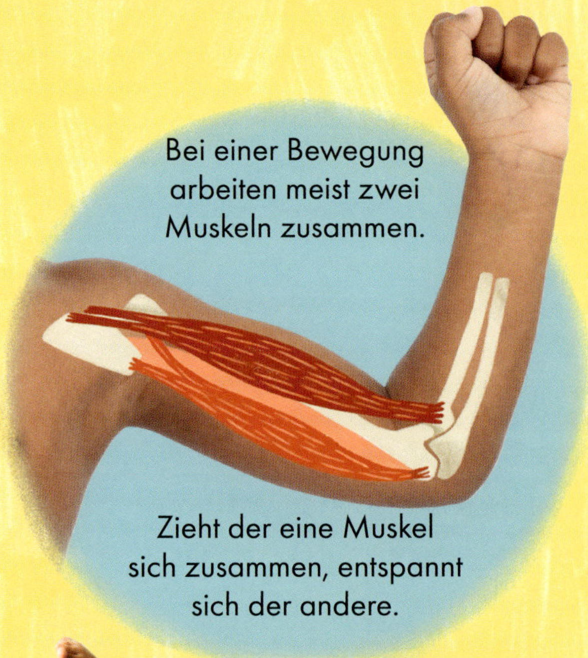

Bei einer Bewegung arbeiten meist zwei Muskeln zusammen.

Zieht der eine Muskel sich zusammen, entspannt sich der andere.

Bänder

halten Knochen mit Knochen zusammen und stabilisieren die Gelenke.

Sehnen

halten Muskeln mit Knochen zusammen, sodass wir uns bewegen können.

Organe

Eine Gruppe von gleichartigen Zellen bildet ein Gewebe. Wenn mehrere Gewebegruppen zusammenwirken, nennt man das ein Organ.

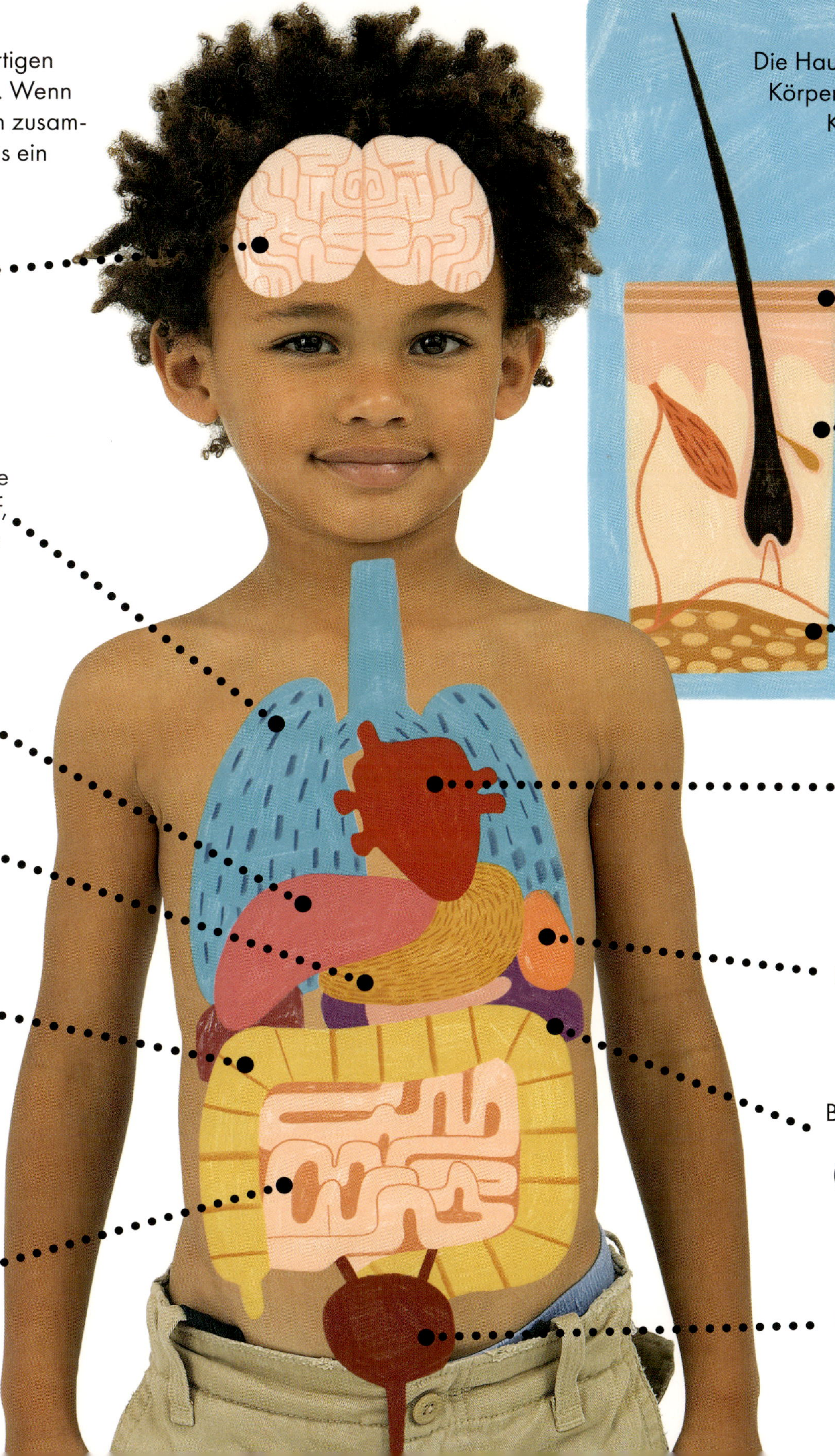

Gehirn

Steuert den Körper und verarbeitet Gedanken.

Lungen

Beim Einatmen nehmen sie Sauerstoff aus der Luft auf, beim Ausatmen geben sie Kohlendioxid ab.

Leber

Reinigt das Blut.

Magen

Der saure Magensaft hilft, das Essen zu zerlegen.

Dickdarm

Unverdauliche Reste werden als Kot (Kacka) durch den Dickdarm aus dem Körper ausgeschieden.

Dünndarm

Nimmt Vitamine und Nährstoffe aus der Nahrung auf.

Die Haut

Die Haut ist das größte Organ des Körpers. Sie schützt alles, was im Körper ist, vor Schmutz und Bakterien. Sie ist sogar wasserdicht!

Oberhaut

Schützt das Körperinnere.

Lederhaut

Aus dieser Schicht wachsen die Haare. Auch die Schweißdrüsen liegen hier.

Unterhaut

Verbindet die Haut mit den Knochen und Muskeln.

Herz

Pumpt Blut durch den Körper.

Milz

Bekämpft Bakterien im Blut und regelt die Menge der Blutzellen.

Nieren

Bilden aus flüssigen Abfallstoffen und Wasser Urin (Pipi), den sie an die Blase weiterleiten.

Blase

Urin wird hier gesammelt.

Gehirn und Sinne

Dein Gehirn ist immens wichtig, da es deinem Körper Anweisungen gibt, was er tun soll, Informationen aus dem Rest deines Körpers verarbeitet und deine Gedanken steuert. Dein Gehirn funktioniert auch, wenn du schläfst, es hält dich am Leben. Es braucht mehr Energie als irgendein anderer Teil deines Körpers.

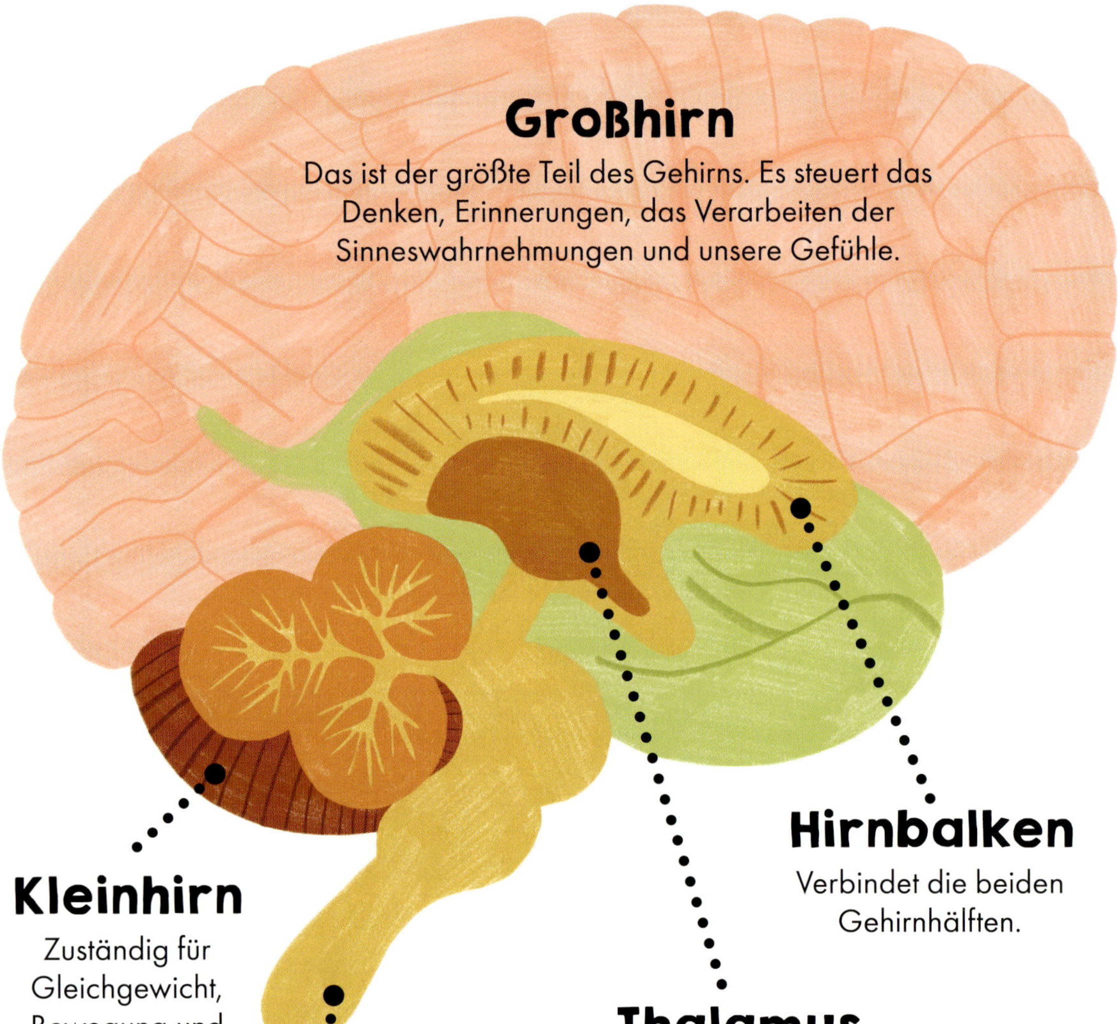

Großhirn

Das ist der größte Teil des Gehirns. Es steuert das Denken, Erinnerungen, das Verarbeiten der Sinneswahrnehmungen und unsere Gefühle.

Kleinhirn

Zuständig für Gleichgewicht, Bewegung und Koordination.

Hirnstamm

Verbindet das Gehirn mit dem restlichen Körper. So kann das Gehirn deinem Körper sagen, was er zu tun hat.

Thalamus

Sammelt Informationen aus dem restlichen Gehirn für den Hirnstamm.

Hirnbalken

Verbindet die beiden Gehirnhälften.

Nervensystem

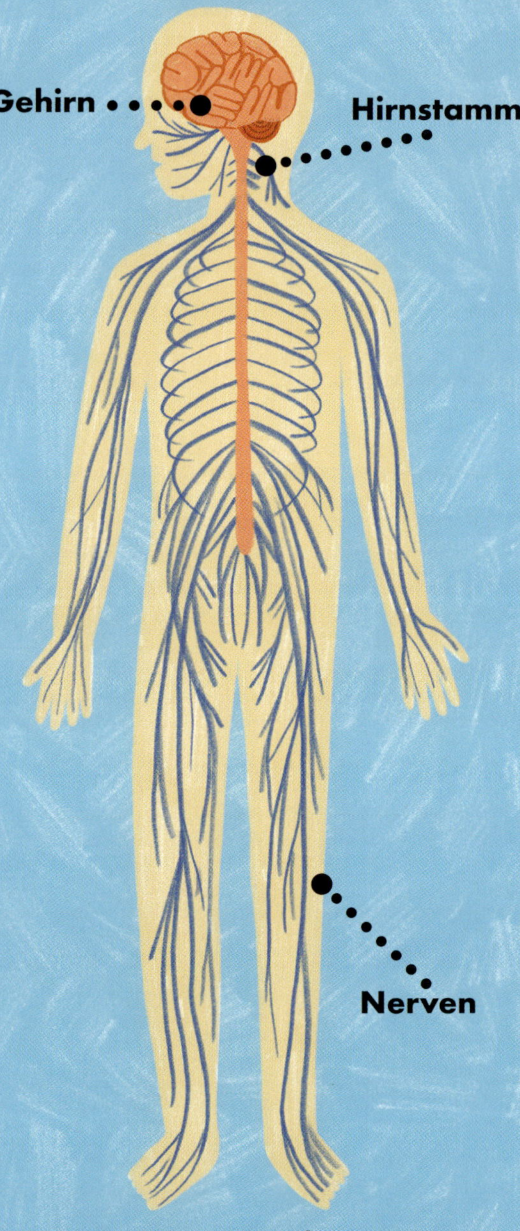

Die **Nerven** leiten die Informationen aus deinem Gehirn an die Muskeln weiter und sagen ihnen, wie sie sich bewegen sollen. Sie transportieren auch Informationen von deinem Körper zurück ins Gehirn.

Es gibt fünf Sinnesorgane, die mit dem Gehirn zusammenwirken, damit wir die Welt um uns herum verstehen können.

Sehen

Wenn du etwas ansiehst, reagieren die Nervenzellen hinter dem Auge auf Licht und sagen deinem Gehirn, was du siehst. Im Hellen kann man viel besser sehen als im Dunkeln.

Riechen

Mit der Nase riechst du. Es gibt angenehme und eklige Gerüche. Unser Geruchssinn hilft uns auch beim Schmecken. Darum kannst du bei einem Schnupfen dein Essen schlechter schmecken.

Hören

Das Ohr hat die Form eines Trichters. Schallwellen werden durch den Gehörgang zum Mittelohr gesendet und von dort weiter zum Innenohr. Das Innenohr leitet die Information dann ans Gehirn weiter.

Schmecken

Die Zunge brauchen wir nicht nur zum Essen und Sprechen, sondern auf ihr liegen auch über 10 000 Geschmacksknospen, die verschiedene Geschmacksrichtungen unterscheiden können. Diese Geschmacksrichtungen sind süß, sauer, bitter, salzig und umami (würzig).

Fühlen

Wenn du etwas anfasst, sagen dir die Nervenenden auf deiner Haut, was du fühlst. Wenn du eine Katze streichelst, teilen die Nervenzellen deinem Gehirn mit, dass Katzenfell weich ist. Berührst du einen Kaktus, sagen die Nerven deinem Gehirn, dass es pikt.

Nicht jeder kann alle seine fünf Sinne oder alle Körperteile benutzen. Das kann angeboren oder durch einen Unfall oder eine Krankheit ausgelöst worden sein.

Fortpflanzung

Babys entstehen durch die Verschmelzung einer Spermienzelle des Mannes mit einer Eizelle der Frau. Dann wächst im Bauch der Frau neun Monate lang ein Baby heran. Der Bauch der Frau dehnt sich dabei immer mehr, und ihre Organe schieben sich zur Seite, um dem Baby Platz zu machen.

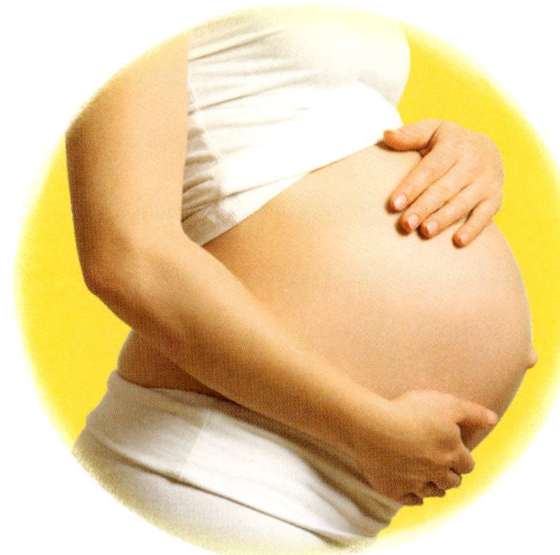

Es gibt X- und Y-Spermien. Y-Spermienzellen lassen das Baby zu einem Jungen werden, X-Zellen zu einem Mädchen.

1 Keimstadium

Wenn Spermienzelle und Eizelle miteinander verschmelzen, wird daraus eine neue Zelle. Diese Zelle teilt sich wieder und wieder, bis daraus ein großer Zellhaufen geworden ist.

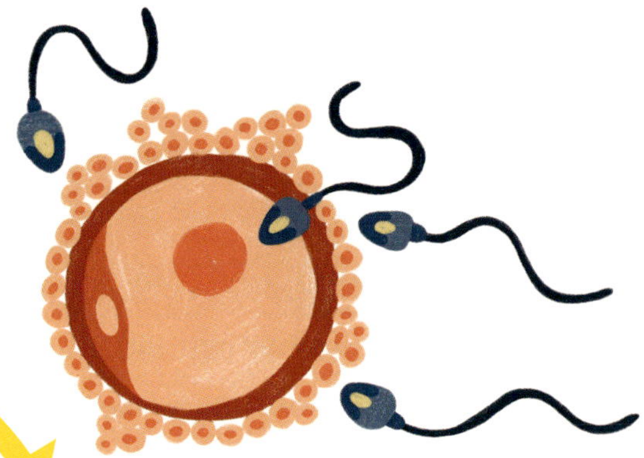

2 Embryonalstadium

Nach drei Wochen hat sich aus diesem Zellhaufen ein Embryo geformt. Die Körperteile des Embryos bilden sich.

3 Fetalzeit

Nach neun Wochen nennt man den Embryo Fötus. Der Fötus wächst in diesem Stadium sehr schnell und kann sich bereits bewegen.

4 Geburt

Bei seiner Geburt besteht das Baby aus 100 Billionen Zellen. Normalerweise kommen Babys nach 40 Wochen auf die Welt.

Wachstum

Mit dem Älterwerden verändern wir Menschen uns stark. Wir wachsen und lernen ständig dazu.

Babys

Kurz nach der Geburt können Babys noch nicht viel allein machen. Mit der Zeit lernen sie aber zu sitzen, sich zu bewegen und verschiedene Geräusche zu machen.

Kleinkinder

Im Kleinkindalter lernen Babys das Laufen. Außerdem machen sie Fortschritte beim Sprechen und sie verstehen immer mehr von ihrem Umfeld.

Kinder

Kinder wachsen schnell und lernen andauernd. Je mehr sie allein können, desto unabhängiger werden sie.

Jugendliche

Kinder zwischen 13 und 19 Jahren nennt man Jugendliche. In dieser Zeit verändert sich ihr Körper stark und sie sehen immer mehr wie Erwachsene aus.

Erwachsene

Erwachsene sind ausgewachsen (sie wachsen nicht mehr) und können sich meist um sich selbst kümmern. Nun können sie selbst Kinder bekommen.

Senioren

Mit den Jahren verlieren Erwachsene manchmal ihr Haar, und ihre Haut wird dünner und trockener, weshalb sie Falten bildet.

Blutkreislauf

Der Blutkreislauf ist das gesamte System, in dem das Blut durch den Körper unterwegs ist. Er besteht aus dem Herzen, den Blutgefäßen und dem Blut selbst. Blut ist so wichtig, da es unseren Körper mit Wasser, Nährstoffen und Sauerstoff versorgt, uns beim Kampf gegen Infektionen hilft und Abfallstoffe abtransportiert.

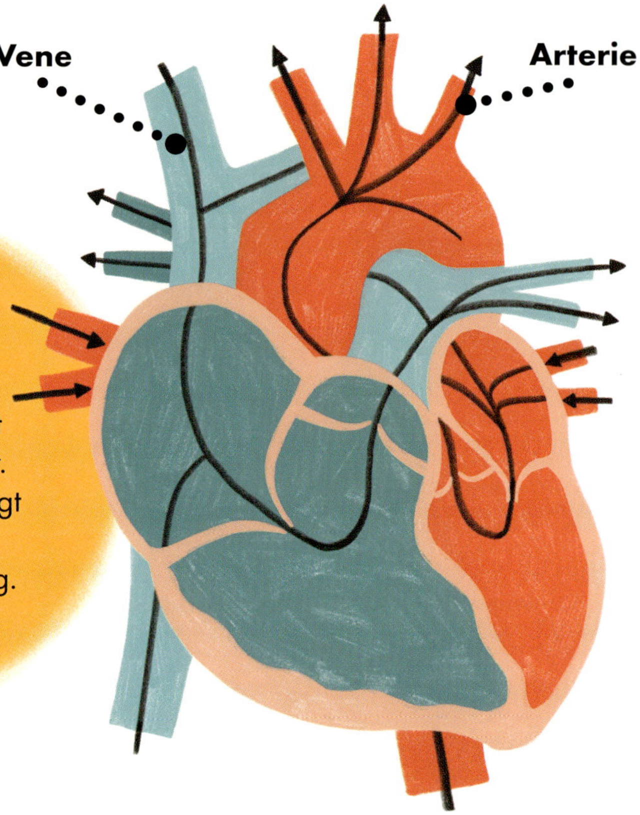

Herz

Mit jedem Schlag pumpt das Herz Blut durch deinen Körper. Durchschnittlich schlägt das Herz etwa 100 000-mal pro Tag.

Blut

Blut besteht aus weißen und roten Blutkörperchen sowie Blutplättchen und Plasma. Alle haben eine bestimmte Aufgabe.

Rote Blutkörperchen transportieren Sauerstoff.

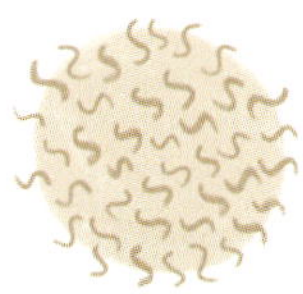

Weiße Blutkörperchen bekämpfen Krankheiten.

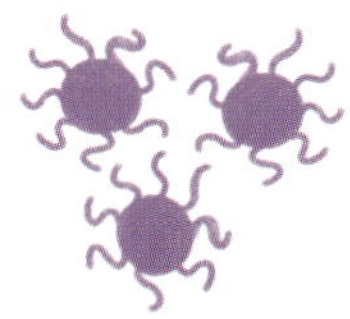

Blutplättchen stoppen Blutungen.

Blutzellen schwimmen in einer Flüssigkeit, dem **Plasma.**

Blutgefäße

Das Blut strömt durch deinen Körper in kleinen Röhrchen, die man Arterien und Venen nennt. Arterien befördern das Blut vom Herzen weg und Venen leiten das Blut wieder zurück zum Herzen.

Wenn du dich verletzt hast, kleben die Blutplättchen an der Wunde zusammen, um die Blutung zu stoppen.

Venen zeichnen sich auf dem Handrücken oder am Handgelenk oft deutlich ab, weil sie dort besonders dicht unter der Haut liegen.

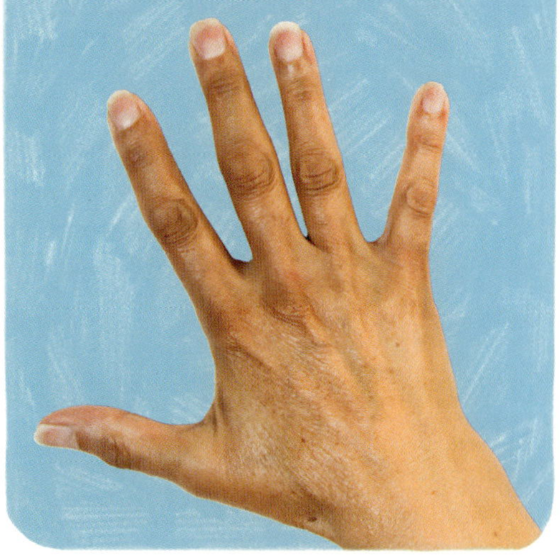

Verdauungssystem

Das Verdauungssystem besteht aus einer Reihe von Organen, die die Nahrung auf ihrem Weg durch den Körper verarbeiten. Wir müssen unser Essen verdauen, damit der Körper Energie aus den Nährstoffen ziehen kann. Unser Verdauungssystem sorgt auch dafür, dass nicht verwertbare Teile der Nahrung ausgeschieden werden.

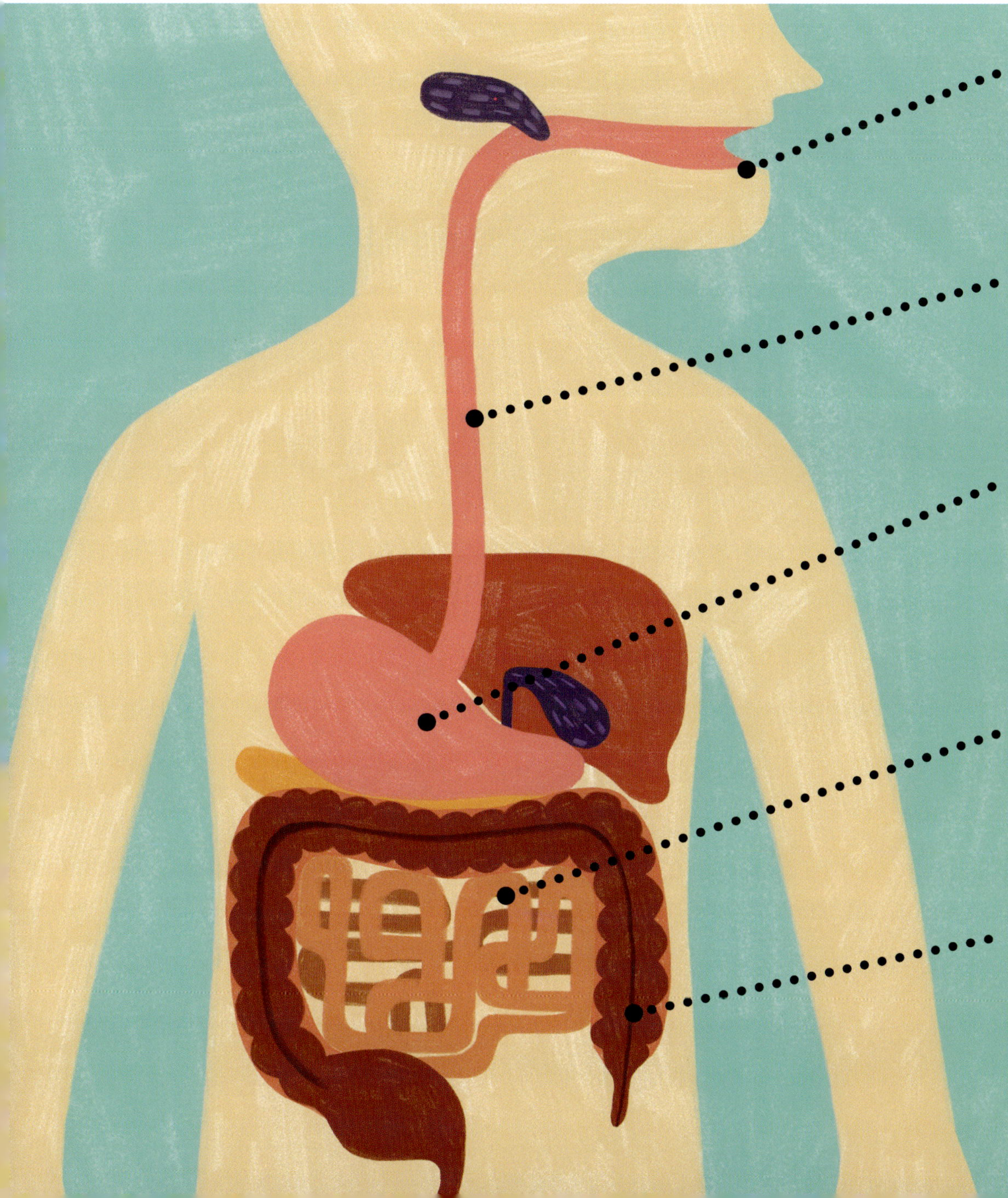

Mund
Die Zähne zermalmen das Essen beim Kauen. Der Speichel legt sich über das Essen und macht es weich, sodass wir es besser schlucken können.

Speiseröhre
Die Nahrung gelangt vom Mund zum Magen durch ein Rohr, die Speiseröhre.

Magen
Der saure Magensaft zerlegt das Essen, sodass der Körper es besser aufnehmen kann. Dieser Nahrungsbrei wird an den Dünndarm weitergeleitet.

Dünndarm
Nährstoffe aus dem verdauten Essen gelangen über die Dünndarmwände ins Blut.

Dickdarm
Ungenutzte Reste und Wasser wandern in den Dickdarm. Diese Abfälle nennt man Kot oder Kacka.

Ernährung

Die Menschen essen und trinken weltweit sehr unterschiedliche Dinge. Aber alle brauchen Nahrung zum Überleben. Unser Körper wandelt Nahrung in die notwendige Energie um.

Nahrungsmittel können in verschiedene Kategorien eingeordnet werden.

Obst und Gemüse versorgen uns mit Vitaminen, Mineralstoffen und Ballaststoffen, die den Körper gesund halten.

Getreide liefert wichtige Nährstoffe für unser Verdauungssystem.

Milchprodukte versorgen uns mit Energie, Protein und Kalzium. Kalzium stärkt unsere Knochen und Zähne.

Proteine helfen dem Körper, Muskeln aufzubauen und zu reparieren. Sie stecken in Bohnen, Fleisch, Fisch und Fleischersatz wie Tofu.

Fette und Öle versorgen deinen Körper mit Energie, aber man sollte nicht zu viel davon essen, da ungesunde Fette deinem Körper schaden können.

Gekochtes Essen kann unser Körper leichter verdauen. Einige Nahrungsmittel müssen vor dem Verzehr unbedingt gekocht werden.

Wie werden Lebensmittel angebaut?

Verschiedene Nahrungsmittel wachsen unter unterschiedlichen Bedingungen.

Obstbäume wie Orangen- oder Zitronenbäume wachsen häufig auf großen Feldern, die man Haine oder Plantagen nennt.

Reis braucht sehr viel Wasser zum Wachsen, darum wird er meist auf Feldern angebaut, die man absichtlich überflutet.

In **Gewächshäusern** ist es auch warm, wenn es draußen kalt ist, sodass hier das ganze Jahr lang Pflanzen wachsen können.

Von der Plantage auf den Tisch

Manchmal bekommt man sein Essen frisch vom Bauernhof, aber oft werden Nahrungsmittel in anderen Ländern erzeugt und müssen längere Transportwege zurücklegen.

Bananen wachsen in großen Büscheln an Stauden in heißen Ländern.

Sie werden noch grün gepflückt, dann wird geprüft, ob sie makellos sind.

Die Bananen werden in großen Kühlboxen in andere Länder verschifft.

Dort kommen sie in Reiferäume, bis sie gelb sind.

Die reifen Bananen werden in die Geschäfte ausgeliefert, wo wir sie kaufen können.

Flaggen

Eine Flagge ist ein Stück Stoff, das als Symbol, als Schmuck oder zur Kommunikation genutzt wird. Jedes Land der Welt hat seine eigene Flagge.

„Vexillologie" ist der Fachausdruck für Flaggenkunde.

13 Streifen stehen für die 13 Gründungsstaaten.

50 Sterne repräsentieren die 50 Bundesstaaten.

Vereinigte Staaten von Amerika

Rot steht für Tapferkeit und die Nationalblume Nepals, den Rhododendron.

Nepal ist das einzige Land der Welt, dessen Flagge nicht rechteckig oder quadratisch ist.

Der Mond symbolisiert Gelassenheit, die Sonne Hitze.

Zwei Dreiecke deuten auf die zwei Hauptreligionen des Landes und die Gebirgsspitzen hin.

Blau steht für Frieden und Harmonie.

Nepal

Gold symbolisiert Sonnenschein und Wohlstand.

Schwarz und Weiß stehen für die dort lebenden Menschen.

St. Lucia

Blau steht für den Himmel und das Meer.

Die Dreiecke symbolisieren die Vulkane der Insel.

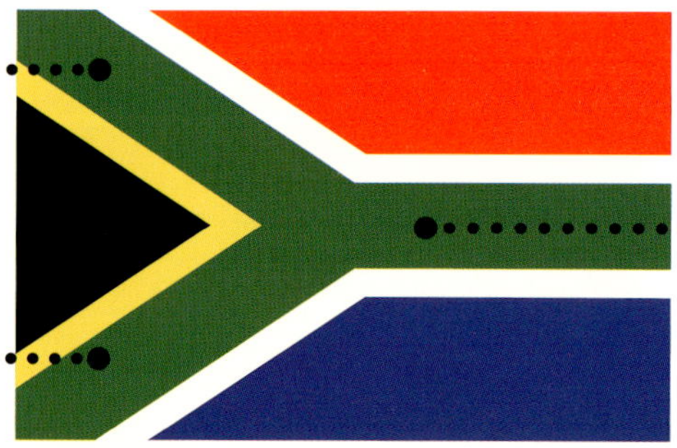

Südafrika

Die „Arme" des Y symbolisieren die Vielfalt der südafrikanischen Gesellschaft.

Sie vereinen sich und zeigen somit, dass alle Südafrikaner Teil einer Nation sind.

Das **Winkeralphabet** wird eingesetzt, wenn man sich über große Distanz etwas mitzuteilen hat. Für jeden Buchstaben des Alphabets werden die Flaggen anders gehalten. Vor der Erfindung von Funkgeräten kommunizierten Schiffe häufig per Flaggen.

Nordamerika	Südamerika	Europa	Asien	Afrika	Australien und Ozeanien
 Bahamas	 Argentinien	 Frankreich	 China	 Äthiopien	 Australien
 Kanada	 Brasilien	 Deutschland	 Indien	 Ghana	 Fidschi
 Grönland	 Chile	 Italien	 Japan	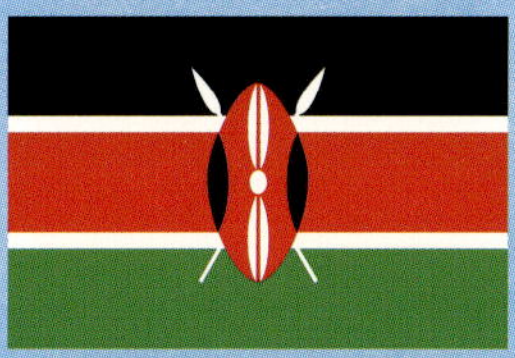 Kenia	 Kiribati
 Jamaika	 Kolumbien	 Spanien	 Philippinen	 Nigeria	 Neuseeland
 Mexiko	 Peru	 Schweden	 Thailand	 Tansania	 Papua-Neuguinea
 Panama	 Venezuela	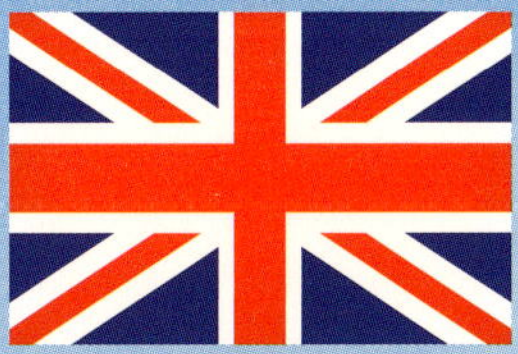 Vereinigtes Königreich	 Vietnam	 Uganda	 Samoa

Religion

Anhänger einer Religion glauben an etwas, das ihnen dabei hilft, den Sinn des Lebens zu verstehen. Es gibt sehr viele Religionen. Einige Menschen glauben an eine höhere Macht, Gott. Einige glauben an gar keine Religion.

Christentum

Christinnen und Christen folgen der Lehre von Jesus Christus, den sie als Gottes Sohn ansehen. Ihre Heilige Schrift ist die Bibel. Der Bibel zufolge sandte Gott seinen einzigen Sohn vor 2000 Jahren auf die Erde, um die Beziehung zwischen den Menschen und Gott wiederherzustellen.

Eine **Kirche** ist eine christliche Gebetsstätte.

Buddhismus

Die Anfänge des Buddhismus liegen circa 2500 Jahre zurück, als Prinz Siddhartha Gautama zum ersten Mal seinen Palast verließ und sah, wie sehr das Volk litt. Daraufhin suchte er sechs Jahre lang nach einem Weg aus dem allgemeinen Leid, bis er seinen inneren Frieden gefunden hatte. Man kennt ihn als Buddha, was „der Erleuchtete" bedeutet.

Ein **Tempel** ist eine buddhistische Gebetsstätte.

Islam

„Islam" bedeutet auf Arabisch „völlige Hingabe an Gott". Die Anhänger nennt man Muslime. Für sie gibt es nur einen Gott, nämlich Allah. Ihrem Glauben zufolge sandte Allah vor 1400 Jahren einen Mann namens Mohammed als Propheten. Mohammed offenbarte den Islam und lehrte andere Muslime, nach den Regeln Allahs zu leben.

Eine **Moschee** ist eine muslimische Gebetsstätte.

Sikhismus

Der Sikhismus wurde vor über 500 Jahren von dem Guru Nanak gegründet. Wie das Christentum und der Islam kennt der Sikhismus nur einen Gott. Sikhs befolgen die Lehren von Guru Nanak mit dem Ziel, ein guter Mensch zu sein.

Ein **Gurdwara** ist die Gebetsstätte der Sikhs.

Judentum

Juden glauben an einen einzigen Gott. Sie befolgen Gottes Gebote als Zeichen ihrer Dankbarkeit. Die Predigten werden von einem Rabbi, hebräisch für „Lehrer", gehalten. Die Tora sind die ersten fünf Bücher der hebräischen Bibel. Darin stehen die Regeln, die Jüdinnen und Juden befolgen.

Eine **Synagoge** ist eine jüdische Gebetsstätte.

Ein **Mandir** ist die Gebetsstätte der Hindus.

Hinduismus

Der Hinduismus ist eine der ältesten Religionen. Es gibt ihn seit über 4000 Jahren! Hindus glauben an eine allumfassende göttliche Kraft namens Brahman. Brahman steht für die Dreieinigkeit des Göttlichen, die Trimurti: Der Schöpfergott Brahma erschuf die Welt und alle Lebewesen, Shiva zerstört das Universum, um es neu zu erschaffen, und Vishnu hält das Gleichgewicht zwischen Gut und Böse.

Berufe

Überall auf der Welt haben die Menschen viele unterschiedliche Berufe. Man wählt einen Beruf nach dem aus, was einem gefällt und was man gut kann, wie gut es bezahlt ist oder nach der Gegend, in der man lebt.

Krankenhaus

Diese Menschen helfen Menschen, die krank oder verletzt sind.

Ärztin | Pfleger | Sanitäter

Schutz der Bevölkerung

Diese Menschen beschützen andere Leute und dienen ihrem Land.

Polizistin | Feuerwehrmann | Soldat

Baustelle

Diese Menschen bauen und reparieren Gegenstände und Gebäude.

Baumeisterin | Klempner | Elektrikerin

Transport

Diese Menschen transportieren Güter und Menschen.

Lkw-Fahrer | Pilot | Lokführerin

Wissenschaft

Wissenschaftler erforschen die Welt.

Chemikerin | Astronaut | Paläontologe

Technologie

Diese Menschen erfinden und warten technische Geräte.

Ingenieur | Programmiererin

Einige Menschen arbeiten auch ehrenamtlich für einen guten Zweck.

Manchmal müssen Menschen umziehen, um Arbeit zu finden. In Regionen am Meer gibt es viele Fischer, in Großstädten arbeiten viele in Büros.

Bildung und Erziehung

Diese Menschen unterrichten und kümmern sich um andere.

Lehrer — Tagesmutter — Bibliothekarin

Mit Tieren arbeiten

Diese Menschen kümmern sich um Tiere aller Art.

Tierärztin — Zoologin — Bauer

Geschäftswelt

Einige Menschen arbeiten in Büros.

Politikerin — Bankangestellter — Anwältin

Gastgewerbe

Diese Menschen arbeiten in Hotels und Restaurants.

Köchin — Kellner — Reinigungskraft

Sport

Diese Menschen betreiben selbst Sport, unterrichten ihn oder berichten darüber.

Athletin — Kommentator — Trainer

Unterhaltung

Diese Menschen schaffen Kunst, um andere zu unterhalten.

Sängerin — Künstler — Autor

Wie Dinge entstehen

Wenn du dich so umschaust, fallen dir bestimmt viele Dinge auf, die aus irgendwas hergestellt wurden. Seien es Turnschuhe oder Telefone, Käse oder Kleider, Seife oder Spielzeug – die meisten Dinge müssen irgendwie verarbeitet werden, damit man sie benutzen kann.

Gummi ist aus Latex, das ist der Milchsaft eines bestimmten Baums. Aus Naturgummi kann man viele Dinge herstellen, z. B. Autoreifen, Gummibänder und sogar Badeenten.

Jeans sind aus Baumwolle, die von einer Pflanze stammt.

1. Die Baumwolle wird gepflückt.

2. Sie wird zu Garn gesponnen und gefärbt.

3. Aus dem Garn wird ein Stoff gewebt.

4. Aus dem Stoff wird eine Jeans geschneidert.

Autos werden oft von Robotern zusammengebaut. Zuerst werden viele Einzelteile in einem Zulieferbetrieb hergestellt.

Plastik wird aus Erdöl hergestellt, das tief in der Erde vorkommt.

1. Maschinen bohren nach dem Öl und befördern es nach oben.

2. Das Öl wird erhitzt und mit Chemikalien versetzt, damit das Plastik hart wird.

3. Es wird in eine Form gegossen, die die Gestalt des gewünschten Gegenstands hat.

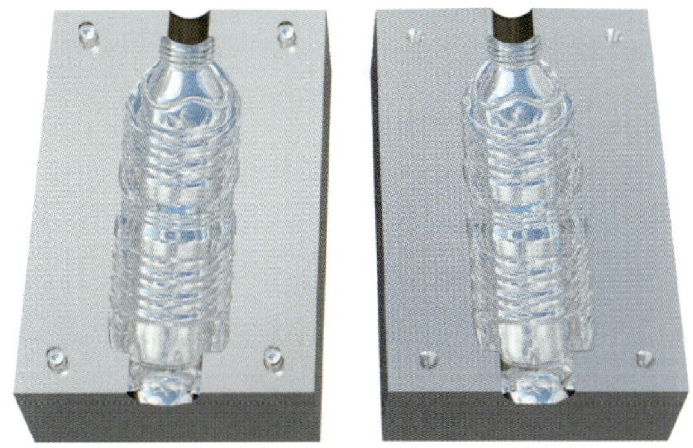

4. Sobald es abgekühlt ist, behält es seine Form.

Ziegel sind aus Lehm, der im Boden vorkommt. Mit Wasser vermischt, wird der Lehm weich. Er wird in eine Form gepresst, dann getrocknet und schließlich in einem sogenannten Tunnelofen gebrannt, um auszuhärten.

Glas entsteht, indem man Sand schmilzt, bis er flüssig ist. Wenn diese Flüssigkeit wieder abkühlt, wird daraus Glas. Manchmal wird das flüssige Glas in eine gewünschte Form gegossen, manchmal wird aber auch Glas zu einem Hohlkörper geblasen, um so Vasen, Gläser und andere Dinge daraus zu formen. Das nennt man Glasblasen.

Das Fahrgestell des Autos durchläuft verschiedene Fertigungsstationen. An jeder Station fügt ein Roboter ein neues Teil hinzu, bis das Auto fertig ist.

Kunst

Seit Jahrtausenden spielt Kunst im Leben der Menschen eine wichtige Rolle. Künstler erschaffen aus ihrer Fantasie heraus Werke, die etwas abbilden, dem Betrachter etwas vermitteln oder Gefühle ausdrücken.

Es gibt ganz viele verschiedene Arten von Kunst. Hier sind nur ein paar Beispiele.

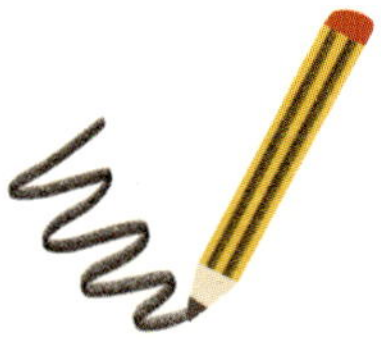

Zeichnen

Malerei

Bildhauerei

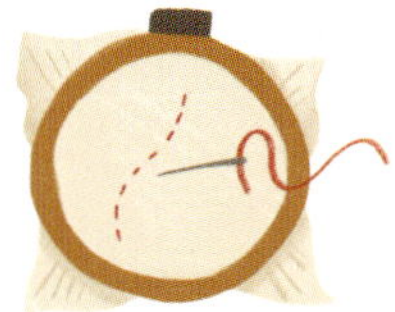

Stickerei

Fotografie

Kunst der Aborigines

Die *Gwion-Gwion-Felsmalereien* entstanden vor 5000 bis 50 000 Jahren in den Kimberleys in Westaustralien.

Klassik

(500 v. Chr.–500 n. Chr.)

Klassische Kunst stammt von den antiken Griechen und den Römern. Der *Discobolus* ist die römische Marmorstatue eines Diskuswerfers. Sie ist eine Nachbildung von dem bronzenen Original des Bildhauers Myron.

Kunst des Mittelalters (500–1500)

Im Mittelalter war die Kunst stark von Religion und wichtigen Ereignissen beeinflusst. Der *Teppich von Bayeux* ist ein fast 70 Meter langer Wandteppich. Er stellt die Schlacht von Hastings dar, die 1066 zwischen den Normannen und den Engländern ausgetragen wurde.

Barock

(1600–1700)

Künstler des Barock schufen mit Licht und Dunkelheit lebensechte Szenen. Ein gutes Beispiel ist das Ölgemälde *Selbstporträt als Allegorie der Malerei* von Artemisia Gentileschi, die mithilfe der Hell-Dunkel-Technik die Aufmerksamkeit auf das Gesicht der Malerin lenkt.

Impressionismus (1870–1900)

Der Impressionismus gilt als Ausgangspunkt der modernen Kunst. Hier wird eher ein Stimmungsbild wiedergegeben als ein naturgetreues Bild. Die *Japanische Brücke* ist ein Gemälde von Claude Monet. Anstatt blaues Wasser zu malen, stellte er mit hellen Farben den farbenprächtigen Garten dar, in dem sich der Teich befand.

Nihonga (ab 1900)

Nihonga ist eine Stilrichtung basierend auf der traditionellen Kunst Japans. Gemalt wird mit natürlichen Mineralfarben auf Papier, Seide, Holz oder Gips. *Ochiba* von Hishida Shunso ist ein typisches Wandbild aus zwei Faltschirmen mit jeweils sechs Paneelen.

Kubismus (1900–1920)

Der spanische Künstler Pablo Picasso gilt als Begründer des Kubismus. Im Kubismus sind hauptsächlich Formen und Konturen wichtig. Auf dem Gemälde *Musizierender Harlekin* bildet Picasso mit hellen Farben und ungewöhnlichen Formen einen Musiker ab, der auf einem Stuhl sitzt und sein Instrument spielt.

Pop Art (ab 1950)

Pop Art benutzt Motive aus Hollywood-Filmen, Popmusik und Comics. Die Gemälde haben oft grelle Farben und kräftige Linien. *Marilyn Diptych* von Andy Warhol ist eine Darstellung der berühmten Schauspielerin Marilyn Monroe.

Graffiti-Kunst

Graffiti werden meist ohne Genehmigung auf öffentliche Wände gesprüht oder gemalt. Das ist eine uralte Kunstform. Archäologen stießen schon bei ihrer Entdeckung der Ruinen von Pompeji aus dem Jahr 79 auf Graffiti. Der Streetart-Künstler Banksy ist berühmt für seine Schablonengraffiti, die wie aus dem Nichts auftauchen, wie diese Ratte in London.

Schreiben und Drucken

Dank unserer Schrift können wir mit anderen Menschen kommunizieren und Neuigkeiten, Ideen oder Geschichten festhalten. Bis zur Erfindung des Buchdrucks wurde alles mit der Hand geschrieben.

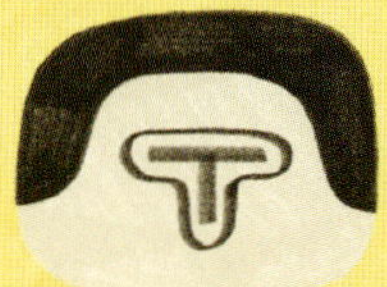

Maya-Schrift: IK bedeutet „Wind".

Maya-Schrift: MUYAL bedeutet „Wolke".

Die alten Ägypter, Maya oder Azteken schrieben mit Bildern anstelle von Buchstaben. Jedes Bildzeichen hatte seine eigene Bedeutung, es war aber nicht immer klar, für was genau das Zeichen stand. Daher erfand man Symbole, um verschiedene Laute abzubilden.

Wer erfand das Alphabet?

Die Schrift hat sich im Laufe der Zeit immer wieder verändert und es gibt auf der Welt viele verschiedene Schriftarten. Im Irak fand man Hinweise auf 5000 Jahre alte Tonschriften. Mit der Schrift hielten die Menschen fest, was sie kauften und verkauften.

Phönizisch **Altgriechisch** **Altlatein** **Modernes ABC**

Das erste richtige Alphabet wurde von den alten Griechen entwickelt. Das lateinische Alphabet stammt davon ab, und das wiederum ist die Grundlage vieler moderner Alphabete, darunter auch unser ABC.

Die Erfindung des Stifts

Jahrhundertelang schrieben die Menschen mit Feder und Tinte. Kugelschreiber sind eine Erfindung des späten 19. Jahrhunderts und noch heute in Gebrauch. Sie haben in ihrem Inneren Farbe, die eine Kugel an der Stiftspitze tränkt. Die Kugel dreht sich, wenn man damit über ein Blatt Papier fährt, und zieht so einen Strich.

Der Astronautenstift

Der Astronautenstift wurde speziell fürs Weltall entwickelt, wo es keine Schwerkraft gibt.

Die Erfindung des Druckens

Vor der Erfindung von Papier schrieben die Menschen auf Blätter, Stoff, Felsen, Ton oder Tierhaut. Im Jahr 105 unserer Zeitrechnung stellte Cai Lun in China zum ersten Mal Papier aus Pflanzen her. Es bestand aus Baumrinde, Hanf, Lumpen und Fischernetzen. Es wurde zu einem großen Erfolg, denn es war günstig und man konnte gut darauf schreiben.

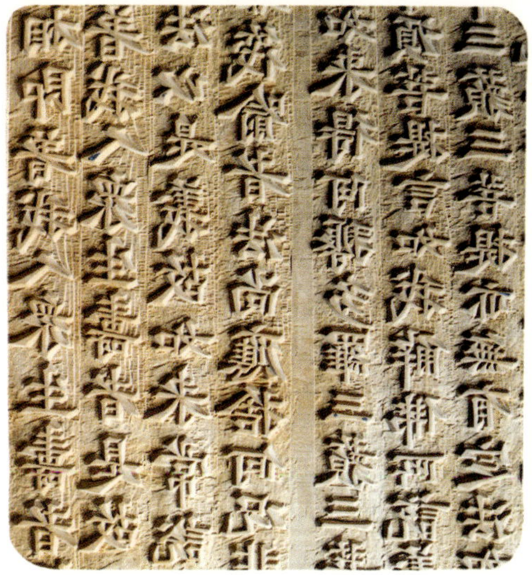

Schon 200 n. Chr. kannten die Chinesen die Druckkunst. Man schnitzte Holzplatten, überzog sie mit Tinte und dann presste man ein Blatt Papier darauf.

Die Gutenberg-presse

Um 1455 erfand Johannes Gutenberg eine der ersten bekannten Druckpressen, die nicht mehr mit Holzplatten druckten, sondern mit beweglichen Buchstaben aus Metall.

In einer Bibliothek können sich Menschen Bücher ausleihen. Eine der ältesten bekannten Bibliotheken der Welt ist die Bibliothek des Assurbanipal im Irak, die im 7. Jh. v. Chr. gebaut wurde.

Zeitungen werden auf Papierrollen gedruckt, die von Maschinen zurechtgeschnitten werden. Die Seiten werden in die richtige Reihenfolge gelegt, gestapelt und gefaltet. Zeitungen werden oft nachts gedruckt, damit die Informationen so aktuell wie möglich sind und schon morgens in den Geschäften ausliegen können.

Musik

Mit Musik kann man Gefühle ausdrücken und Menschen unterhalten. Man spielt sie oft mit Musikinstrumenten, die man je nach Art der Tonerzeugung in verschiedene Gruppen einteilt.

Holzblasinstrumente haben ein Luftblatt oder Mundstück, in das man bläst und so einen Ton erzeugt.

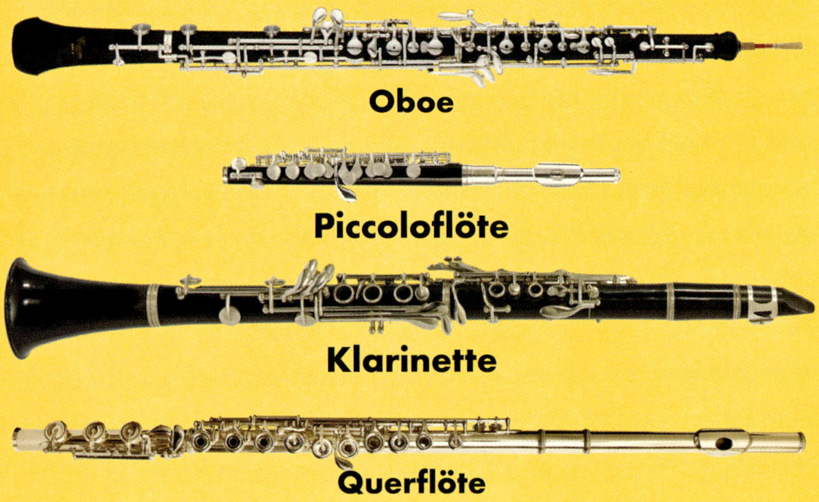

Bei **Blechblasinstrumenten** bläst man durch ein Mundstück aus Blech.

Saiteninstrumente haben Saiten, die erklingen, wenn man sie zupft oder mit einem Bogen über sie streicht.

Schlaginstrumente erklingen durch Schlagen oder Schütteln.

Musik komponieren

Musik wird meist mit Notenzeichen niedergeschrieben. Die Position der Noten auf den Linien zeigt die Tonhöhe an, die Notenform die Tonlänge.

Musikrichtungen

Musik kann ganz unterschiedlich klingen. Auf der Welt gibt es viele verschiedene Arten von Musik.

Rock entstand aus dem Rock 'n' Roll in den 1950er-Jahren und ist meistens laut und schnell.

Jazz ist oft improvisiert (man spielt spontan, was einem gerade einfällt) und hat einen starken Rhythmus.

Gospel ist eine religiöse Musikform, die oft in Kirchen von Chören gesungen wird.

Klassische Musik ist eine traditionelle Musikform, die es in Europa seit Hunderten von Jahren gibt.

Pop ist die Kurzform von Populärmusik. Die Melodien sind sehr einprägsam, sodass alle schnell mitsingen und mittanzen können.

Country ist ein traditioneller Musikstil, der in den USA sehr beliebt ist.

Kleidung und Mode

Kleidung soll warm (oder kühl) halten, vor Sonne oder Gefahren schützen und gut aussehen oder dem eigenen Charakter entsprechen. Mode ist eine Kleidungsweise, die eine bestimmte Zeit lang oder an einem bestimmten Ort beliebt ist. Sie kann durch Erfindungen in der Stoffherstellung und Schneiderei beeinflusst werden.

Die Erfindung des Stoffs

Vor der Erfindung der Webkunst stellte man Kleidung aus Tierhäuten her. Es ist nicht bekannt, wann genau Stoffe erfunden wurden, aber Baumwolle, Seide, Wolle und Flachs wurden schon im alten Ägypten oder China für die Herstellung von Kleidung verwendet.

Die Verzierung und Gestaltung eines Kleidungsstücks war selbst in der Frühzeit wichtig. Der Stoff wurde gefärbt, bedruckt oder mit Mustern bestickt.

Seide gehört zu den ältesten Stoffen der Welt und wurde erstmals in China produziert. Sie wird aus den Fäden des Seidenspinners gewonnen, die zu einem weichen, glänzenden Stoff verwoben werden.

Mitte bis Ende des 19. Jahrhunderts war es in einigen Ländern modern, wenn Frauen einen ausladenden Reifrock unter ihrem Kleid trugen.

Im Grab eines alten Ägypters aus dem Jahr 500 n. Chr. fand man zum ersten Mal Überbleibsel von Socken. Sie hatten eine eng anliegende Ferse und wurden am Bündchen geschnürt.

Nylon wurde 1995 erfunden. Ähnlich wie Seide diente es während des Zweiten Weltkriegs ursprünglich als Stoff für Fallschirme. Nach Kriegsende gingen die übrig gebliebenen Stoffe an Kleiderhersteller.

Die Erfindung des modernen Reißverschlusses 1913 war eine wichtige Errungenschaft für die Modebranche. Reißverschlüsse wurden zuerst für Overalls der amerikanischen Marine verwendet und später für Herren- und Damenbekleidung.

Die Idee für das Klettband hatte George de Mestral in den 1940er-Jahren in den Schweizer Alpen: Eine Pflanze verhakte sich mit ihren kleinen Widerborsten in seiner Kleidung, woraufhin er diesen Stoff entwickelte.

In der Mitte des 20. Jahrhunderts erfand man einen dehnbaren Stoff namens Elastan, ein geeignetes Material für Sportkleidung, Unterwäsche und eng anliegende Kleidung.

Wie stellt man Kleidung her?

Stoff wird anhand von Schnittmustern zurechtgeschnitten. Die Einzelteile werden mit einer Nähmaschine zu einem passenden Kleidungsstück zusammengenäht.

Sport

Auf der ganzen Welt treibt man Sport, um Spaß zu haben und fit zu bleiben. Einige Sportarten betreibt man im Team, andere einzeln. In vielen Sportarten werden Wettbewerbe veranstaltet, um die Besten zu finden.

Ballsportarten

Es gibt viele Sportarten, bei denen man einen Ball kickt, wirft oder mit einem Schläger wegschlägt.

Fußball ist die beliebteste Sportart der Welt. Es wird in über 200 Ländern gespielt. Zwei Mannschaften mit je elf Spielern versuchen dabei, mit dem Ball in das gegnerische Tor zu treffen.

Beim **American Football** tragen die Spieler Helme und Trikots mit Schutzpolstern, da es hier ziemlich rau zugeht.

Wintersportarten

Einige Sportarten werden auf Eis oder Schnee ausgeübt.

Eishockey spielt man auf Schlittschuhen. Die Mannschaft versucht, den Puck, eine kleine Scheibe, ins gegnerische Tor zu bekommen.

Skifahrer gleiten auf langen, flachen Skiern über den Schnee. Mithilfe der Skistöcke halten sie ihr Gleichgewicht und steuern.

Akrobatik

Hier müssen Athleten ihre Biegsamkeit, Kraft und ihr Gleichgewicht einsetzen.

Turner zeigen Übungen an Turngeräten wie Ringen, Recks und Schwebebalken.

Tanz ist gleichermaßen ein Sport und eine Kunstform. Tänzer bewegen sich zum Rhythmus der Musik. Es gibt viele Tanzstile, die weltweit beliebt sind.

Wassersportarten

Diese Sportarten übt man im oder auf dem Wasser aus.

Schwimmen kann man in Pools oder in offenen Gewässern wie Seen oder dem Meer.

Beim **Surfen** oder Wellenreiten steht man auf einem langen Brett, dem Surfboard.

Die Olympischen Spiele

Die Olympischen Spiele gibt es alle vier Jahre. Bei dieser Veranstaltung treten Athleten aus der ganzen Welt gegeneinander an. Auch die Paralympischen Spiele finden alle vier Jahre statt. Das sind die Olympischen Spiele für Athleten mit körperlicher Behinderung.

Glossar

Erdbeben Eine plötzliche Erschütterung der Erdoberfläche, ausgelöst durch eine Bewegung der Erdplatten oder einen Vulkanausbruch.

Fossil Versteinerte Überreste oder Abdrücke von Pflanzen oder Tieren, die vor Tausenden von Jahren gestorben sind.

Galaxie Eine Ansammlung von Milliarden Sternen und Planeten. Unsere Erde ist Teil der Galaxie Milchstraße.

Jahreszeit Das Jahr wird in vier Jahreszeiten eingeteilt, die sich in Tageslänge und im Wetter unterscheiden.

Kaltblüter Tiere, die ihre Körpertemperatur nicht selbst steuern können, sondern von der Außentemperatur abhängig sind.

Klima Das durchschnittlich vorherrschende Wetter einer bestimmten Region.

Lebensraum Wo ein Tier, eine Pflanze oder ein Organismus normalerweise angesiedelt ist.

Meteorit Ein Gesteinsbrocken (von einem Kometen, Asteroiden oder Meteor) aus dem Weltall, der die Erdatmosphäre durchbrochen hat.

Mineral Eine natürliche Substanz, die nicht von einem Tier oder einer Pflanze stammt. Gesteine, Sand und der Erdboden bestehen aus Mineralien.

Ozean Eine riesige Fläche Salzwasser.

Ozonschicht Eine Schicht in der Stratosphäre der Erde, die den größten Teil der ultravioletten Sonnenstrahlung in sich aufnimmt und so die Erde davor schützt.

Partikel Ein sehr, sehr kleines Teilchen. Auf der Welt besteht alles aus vielen einzelnen Partikeln.

Schwerkraft Die Kraft, die alles zur Mitte eines Planeten, Sterns oder anderen Himmelskörpers zieht.

Sinn Wie der Körper die Welt um sich herum wahrnimmt. Die fünf Sinne sind Sehen, Riechen, Hören, Schmecken und Tasten.

Sonnensystem Die acht Planeten zusammen mit ihren Monden und allem, was die Sonne umkreist.

Strom Energie, mit der man ein Gerät betreibt. Strom kann mit fossilen Brennstoffen oder erneuerbaren Quellen erzeugt werden.

Tsunami Eine riesige Welle im Meer, meist durch ein Erdbeben verursacht.

Universum Alles, das in Raum und Zeit existiert.

Verdauung Die Verarbeitung von Nahrung, damit der Körper sie aufnehmen und nutzen und die Reste ausscheiden kann.

Verdunstung Wenn eine Flüssigkeit erhitzt wird, verändert sich ihr Zustand und sie wird zu Gas. Kocht man beispielsweise Wasser, entsteht Wasserdampf.

Vulkan
Ein Berg mit einer Öffnung in der Erdkruste. Wenn ein Vulkan ausbricht, werden Lava, Gesteinsteile, Dampf und Gas aus dem Erdinneren ausgestoßen.

Winterschlaf Wenn Tiere die Wintermonate schlafend verbringen.

Wirbellose Tiere ohne Wirbelsäule.

Wirbeltiere Tiere mit Wirbelsäule.

Zivilisation Eine stabile Gemeinschaft von miteinander lebenden Menschen, die durch Fortschritt und Organisation gekennzeichnet ist.

Register

A

B

C

D

E

F

G

H

I

J

K

L

M

N

O

P

R

S

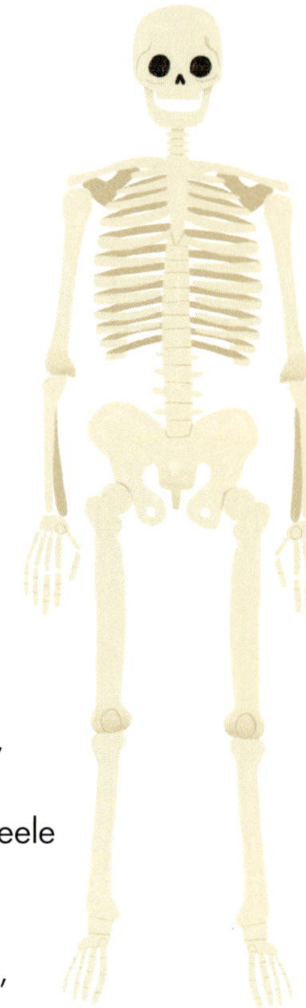

T

U

V

W

Z

Bildnachweis

© iStock photos:
Die Erde: Meteor © MARHARYTA MARKO; Island in sea © frantic00; Space station © scibak; Moon © dzika_mrowka; Tide © Oleandra9; Night sky © VitaliyPozdeyev; Telescope silhouette © lucentius; Moraine lake © sara_winter; Machu Picchu © fbxx; Paradise Harbour © designbase; Mountain Landscape © Bulgac; Mu Cang Chai © NanoStockk; Savannah plains © czekma13; Twelve apostles © ymgerman; Dolphin © FDS111; Pufferfish © GlobalP; Earth © janrysavy; Hurricane © MikeMareen; Flooded car © gdagys; Cracked soil © Ladislav Kubeš; Damaged house © krestafer; 2011 Ishinomaki city © ArtwayPics; Mount etna © SalvoV; Hawaii volcano © Saro17; Mount Kilimanjaro © 1001slide; Pompeii ruins © MaRabelo; Grand canyon © Bim; Lava © Justinreznick; Marble chunk © Vladimirovic; Marble ball © JazzIRT; Rough diamond © MXW Stock; Cut diamond © AnatolyM; Rough emerald, rough ruby, apatite © Reimphoto; Cut emerald, cut ruby © SunChan; Aragonite © Studio Empreinte; Opal © Thomas Demarczyk; Wavellite © Dan Olsen; Turquoise © alexhstock; Desert rose © hsvrs; Labradorite © Kerrick; Malachite © ElenaNoeva; Snowflake obsidian, obsidian © VvoeVale; Jasper © Epitavi; Agate geode © yurimeg.
Pflanzenwelt: Tree trunk © DIMUSE; Tree slice © seneta; Logging truck © laughingmango; Rainforest © peeterv; Orangutan © GlobalP; Sapling © LdF; Blossoms © MahirAtes; Bee © Antagain; Saxifrage © Zanskar; Cactus © vaeenma; Crocus © _Vilor; Corpse flower © emer1940; Venus flytrap © yenwen; Fern fossil © CribbVisuals; Full fern © Max Labeille; Waterfall © mr.forever photography; Curly fern © Masuti; Truffles © malerapaso.
Tierwelt: Cow, pelican, parrot, puffer fish, toad, newt, tree frog, poison dart frog, scorpion, lion, koala & joey, alpine newt, green frog, tadpole, froglet © GlobalP; Puppy © joecicak; Rabbit © Voren1; Green parrot © Antagain; Blackbird © Andrew_Howe; Shark © izanbar; Blue fish © marrio31; Ray © PicturePartners; Clownfish © RapidEye; Gecko © Bob_Eastman; Crocodile © amwu; Axolotl © andrewburgess; Salamander © Stefan90; Jellyfish © lucagal; Octopus © richcarey; Butterfly © thawats; Worm © motorolka; Capybara © EvergreenPlanet; Platypus © leonello; Seal cub © Zanskar; Eggs © ayala_studio; Ostrich © bazilfoto; Geese © Anagramm; Albatross © Gerald Corsi; Penguin © Musat; Flamingo © akinshin; Lark © MikeLane45; Fly © Antagain; Turtle hatchling © Somedaygood; Milk snake © PetlinDmitry; Iguana © asbe; Sea turtle © ShaneMyersPhoto; Fire salamander © arnowssr; Frogspawn © Gannet77; Brown frog © AlasdairJames; Poison dart frog © pchoui; Gray tree frog © KeithSzafranski; Shoal © strmko; Clownfish © fototrav; Mudskipper © anakeseenadee; Roe © Wendy Townrow; Jellyfish © adamkaz; Snail © filipfoto; Worm © fishbgone; Ants © Antagain; Moon crab © Bob_Eastman; Millipede © Chattrawutt.
Geschichte: Lystrosaurus, stegosaurus © Warpaintcobra; Archaeopteryx fossil © BarashenkovAnton; Archaeopteryx © CoreyFord; Fern leaf © Dole08; Leaves © ipopba; T-Rex © para827; T-rex Tooth © Crazytang; Triceratops © dottedhippo; Axe, arrow head © jgaunion; Spear head © MarVal; Sabre-toothed Tiger skull © Mark Kostich; Tutankhamun mask © gyro; Pyramids © WitR; Dreamcatcher © dashtik; Amphitheatre © Vasiliki; Parthenon © Richmatts; Jug © boryak; Bathhouse © Oscarhill; Toilet room © FatManPhotoUK; Colosseum © capturedessence; Glass jug © code6d; Terracotta army © alantobey; Paper © Devonyu; Tea © matka_Wariatka; Compass © DNY59; Great wall from space © oonger; Maya temple © mofles; Cacao beans © ValentynVolkov; Machu Picchu © Siempreverde22; Landfill © vchal; Recycling box © Michael Burrell.
Naturwissenschaft und Technik: Drumkit © Nerthuz; Girl with megaphone © Prostock-Studio; Discoball © mgstudio3d; Magnet © roberthyrons; Fridge magnets © burakpekakcan; Compass © malerapaso; Earth © janrysavy; Pylon © MR1805; Gold bar © ericsphotography; Copper wire © DonNichols; Wood © Avalon_Studio; Plastic bottle © alenkadr; Power plant © zhongguo; Solar farm © LeoPatrizi; Wind farm © April30.
Fortbewegungsmittel: Combine harvester © stefann11; Tractor & plough © CreativeNature_nl; Milk tanker © Andyqwe; Milk bottle © Turnervisual; First car © Sjoerd van der Wal; Penny farthing © GibsonPictures; Steam train © Lalocracio; Freight train © Andy445; Passenger train © scanrail.
Unser Körper: Karate kid © YouraPechkin; Girl in wheelchair © ClarkandCompany; Hearing girl © andy_Q; Kitten girl © 3sbworld; Pregnant belly © evgenyatamanenko; Teenager © amanalang; Adult © Prostock-Studio; Elderly © Goodboy Picture Company; Boy scraped knee © Image Source; Hand © magical_light; Girl with apple © szefei.
Zivilisation: Rice © bonchan; Bread © deepblue4you; Milk bottle © Turnervisual; Bacon © Bestfotostudio; Tofu © YuanruLi; Nuts © Taras Dovhych; Orange grove © asiafoto; Rice field © georgeclerk; Greenhouse © Clearskiesahead; Flags © pop_jop; City skyline © bluejayphoto; Cotton plant © lenta; Dyed threads © danishkhan; Bottle mould © Itsanan Sampuntarat; Bricks © lucentius; Quill and Ink pot © Vasiliki; Student © pixelfit; Printing press © simonkr; Record player © filipfoto; Oboe, piccolo, marimba © Churairat Music; Clarinet © IZI1947; Flute © coward_lion; Cornet © Lebedinski; Tuba, french horn © RodrigoBlanco; Violin © MrPants; Harp © DarrenMower; Sitar © martijnmulder; Snare drum © gvictoria; Gong © HighImpactPhotography; Bongo drum © johnnyscriv; Music notation © wakila; Zip © prmustafa; Hook and loop strip © Clicknique; Seamstress © kzenon; American footballer © Yobro10; Footballer © 4x6; Ice hockey © Dmytro Aksonov; Gymnast © skynesher; Swimmer © ferrantraite; Paralympian © peepo.

© Alamy photos:
Die Erde: Hagfish © Mark Conlin.
Geschichte: Arizonasaurus © Stocktrek Images, Inc.; Cave painting © Hemis; Mummy © PRISMA ARCHIVO; Mansa Musa map © incamerastock; University of Sankoré © AfriPics.com; Totem Pole © B6EEXR; Sitting Bull © Pictorial Press Ltd; Jade statue © Sergio Azenha; Printing block © View Stock; Viking house © MIHAI ANDRITOIU; Gold llama © Album.
Naturwissenschaft und Technik: Pixels © J. F. Woodruff; TV © Dzmitry Varava; Zuse Z3 computer © Sueddeutsche Zeitung Photo.
Fortbewegungsmittel: Electric car © Happy Stock Photo.
Zivilisation: Chinese carved letters © Charles O. Cecil; Kimono, Crinoline cage © Jonathan Orourke.

© NASA alle Fotos die sich auf das Weltall und das Sonnensystem beziehen